汽车快修一本通（全彩图解）

陈甲仕　主编

化学工业出版社
·北京·

内容简介

本书专门针对汽车快修从业人员实际操作编写而成，涵盖汽车快修必会的项目。本书内容由浅入深，重点介绍了汽车快修的基础知识和操作技能，贴近实际工作场景。

本书选取了大量的实物图，易学实用、通俗易懂，可供从事汽车快修的广大读者学习使用，也可供相关汽车院校师生作操作培训的辅导用书。

图书在版编目（CIP）数据

汽车快修一本通：全彩图解/陈甲仕主编. —北京：化学工业出版社，2022.5

ISBN 978-7-122-40989-8

Ⅰ. ①汽… Ⅱ. ①陈… Ⅲ. ①汽车-车辆修理-图解 Ⅳ. ①U472.4-64

中国版本图书馆CIP数据核字（2022）第046111号

责任编辑：陈景薇　　文字编辑：冯国庆
责任校对：李雨晴　　装帧设计：韩　飞

出版发行：化学工业出版社
（北京市东城区青年湖南街13号　邮政编码100011）
印　　刷：三河市航远印刷有限公司
装　　订：三河市宇新装订厂
710mm×1000mm　1/16　印张13　字数227千字
2022年7月北京第1版第1次印刷

购书咨询：010-64518888　　售后服务：010-64518899
网　　址：http://www.cip.com.cn
凡购买本书，如有缺损质量问题，本社销售中心负责调换。

定　　价：68.00元

前言

随着我国汽车工业的迅猛发展，汽车快修服务行业前景广阔，市场需求越来越大。为此，我们从初学者的角度出发，根据实际的岗位需求，特意编写了《汽车快修一本通（全彩图解）》一书。

本书系统全面地介绍了汽车快修技术，是一本适合汽车快修行业的从业者及职业学校师生学习的操作指导书，内容涵盖汽车快修必会的项目。全书分为四章，共十九个项目，包括汽车快修基础知识、汽车快修常见项目、汽车快修专业项目、汽车快修常见故障诊断与排除等内容，重点介绍了汽车快修的操作技巧和要领。

本书在编写过程中以行业规范为基础，注重理论知识和实操相结合，充分发挥“彩色图解”的特色，以“全程图解”的形式将汽车快修内容呈现给读者。本书图文相结合，真正做到易学实用、通俗易懂，能够学以致用。本书可供从事汽车快修的广大读者学习使用，也可作为相关汽车院校师生操作培训的辅导用书。

本书由陈甲仕主编，参加编写的人员还有朱其福、陈柳、黄容。在本书编写过程中，得到了许多汽车快修连锁店以及汽车4S店的大力支持和协助，并参阅了大量的相关资料，在此表示诚挚的感谢！

由于笔者水平有限，书中难免有疏漏之处，恳请广大读者批评指正，以便再版时补充完善。

编者

目录

第一章　汽车快修基础知识　001

项目一　汽车快修基本知识　002

一、汽车基本结构　002

二、汽车快修安全操作规程　006

项目二　汽车快修工具及设备　007

一、工具　007

二、仪器　014

三、设备　018

项目三　汽车快修保养周期　021

一、发动机　021

二、变速器　024

三、制动系统　024

四、转向系统　026

五、轮胎　026

第二章　汽车快修常见项目　027

项目四　汽车快修常规检查　028

一、车身外观　028

二、灯光及电气　028

三、发动机舱 029
四、车内 030
五、车身底盘 032

项目五 汽车用油液的检查与更换 033

一、汽车用油液的种类及功能 033
二、发动机机油 039
三、冷却液 040
四、制动液 042
五、转向助力油 043
六、玻璃水 044
七、自动变速器油 045
八、手动变速器油 046
九、驱动桥齿轮油 046

项目六 汽车易损件的检查与更换 048

一、汽车易损件概述 048
二、机油滤清器 049
三、燃油滤清器 050
四、空气滤清器 053
五、空调滤清器 054
六、点火线圈 055
七、火花塞 056

项目七 汽车部件的清洁与保养 057

一、清洁节气门 057
二、清洁喷油器 058
三、清除燃烧室积炭 060
四、清除进气歧管积炭 061
五、免拆清洗三元催化器 063
六、免拆清洗燃油系统 063

项目八 汽车制动器的检查与保养 065

一、前制动片 065
二、后制动片 066
三、制动主缸 067
四、制动盘 069
五、手制动 071
六、制动盘光磨修复 072

第三章 **汽车快修专业项目** **074**

项目九 汽车空调的检查与保养 075
一、制冷剂的检查 075
二、冷凝器的检查与更换 077
三、膨胀阀的检查与更换 079
四、压缩机的检查与更换 081
五、压缩机离合器的检查与更换 084
六、空调压力开关的检查与更换 087
七、空调系统排空 089
八、空调系统检漏 089
九、空调系统抽真空 092
十、空调系统加注制冷剂 093

项目十 汽车电气部件快修作业 095
一、蓄电池的检查与更换 095
二、起动机的检查与保养 098
三、发电机的检查与保养 106
四、车门锁的检查和更换 110
五、电动车窗的检查 113
六、电动后视镜的检查 114
七、刮水器的检查 115
八、汽车灯光及其线路的检查与更换 119
九、汽车电气系统电路的快修 122

项目十一　汽车轮胎的检查与维护　127
一、轮胎外观检查　127
二、轮胎胎压检查　127
三、车轮的拆卸与安装　128
四、快速补胎　129
五、轮胎的更换　132
项目十二　汽车车轮动平衡与定位　135
一、车轮动平衡　135
二、汽车四轮定位　137
项目十三　底盘重要部件的快修作业　141
一、减振器　141
二、下摆臂　147
三、连接杆　149
四、转向机外球头　149
五、转向机内拉杆　152
六、传动轴及其防尘套　153
第四章　**汽车快修常见故障诊断与排除**　**156**
项目十四　发动机常见故障诊断与排除　157
一、发动机不能启动　157
二、发动机启动困难　159
三、发动机转动缓慢　160
四、发动机容易熄火　160
五、发动机不易着车　161
六、发动机加速不良　161
七、发动机燃油消耗异常　161
八、发动机加速时抖动　162
九、发动机怠速不稳　162

十、发动机爆燃故障诊断与排除 163

项目十五 变速器常见故障诊断与排除 163

一、手动变速器 163
二、自动变速器 164

项目十六 传感器常见故障诊断与排除 168

一、节气门位置传感器 168
二、空燃比传感器 170
三、氧传感器 171
四、进气歧管绝对压力传感器 173
五、进气温度传感器 174
六、空气流量传感器 176
七、冷却液温度传感器 177

项目十七 执行器常见故障诊断与排除 179

一、喷油器 179
二、点火线圈 185
三、活性炭罐电磁阀 188
四、节气门执行器 190

项目十八 转向与制动系统常见故障诊断与排除 192

一、转向系统 192
二、防抱死制动系统 193

项目十九 其他常见故障诊断与排除 194

一、前照灯光 194
二、轮胎异常 195
三、悬架异常 196

参考文献 **197**

chapter
one

第一章

汽车快修基础知识

汽车快修基本知识

一、汽车基本结构

汽车由发动机、底盘、车身和电气设备四个基本部分组成。

1.发动机

发动机（图1-1）由两大机构、五大系统组成，包括曲柄连杆机构、配气机构、燃油供给系统、润滑系统、冷却系统、点火系统、启动系统。

图1-1　发动机

曲柄连杆机构　曲柄连杆机构是发动机实现工作循环，完成能量转换的主要运动零件。它由机体组、活塞连杆组和曲轴飞轮组等组成。

2 配气机构　配气机构的功用是根据发动机的工作顺序和工作过程，定时开启和关闭进气门及排气门，使可燃混合气或空气进入气缸，并使废气从气缸内排出，实现换气过程。进、排气门的开闭由凸轮轴控制。凸轮轴由曲轴通过齿形带或齿轮或链条驱动。进、排气门和凸轮轴以及其他一些零件共同组成配气机构。

3 燃油供给系统　汽油机燃油供给系统的功用是根据发动机的要求，配制出一定数量和浓度的混合气，供入气缸，并将燃烧后的废气从气缸内排到大气中去。

4 润滑系统　润滑系统的功用是向做相对运动的零件表面输送定量的清洁润滑油，以实现液体摩擦，减小摩擦阻力，减轻机件的磨损，并对零件表面进行清洗和冷却。润滑系统通常由润滑油道、机油泵、机油滤清器和一些阀门等组成。

5 冷却系统　冷却系统的功用是将受热零件吸收的部分热量及时散发出去，保证发动机在最适宜的温度状态下工作。水冷发动机的冷却系统通常由冷却水套、水泵、风扇、散热器、节温器等组成。

6 点火系统　在汽油机中，气缸内的可燃混合气是靠电火花点燃的，为此在汽油机的气缸盖上装有火花塞，火花塞头部伸入燃烧室内。能够按时在火花塞电极间产生电火花的全部设备称为点火系统。点火系统通常由蓄电池、发电机、点火线圈和火花塞等组成。

火花塞有一个中心电极和一个侧电极，两电极之间是绝缘的。当在火花塞两电极间加上直流电压并且电压升高到一定值时，火花塞两电极之间的间隙就会被击穿而产生电火花。能够在火花塞两电极间产生电火花所需要的最低电压称为击穿电压。

7 启动系统　发动机的启动系统使发动机由静止状态过渡到工作状态。启动系统主要依靠起动机带动发动机的曲轴转动，使活塞做往复运动，气缸内的可燃混合气燃烧膨胀做功，推动活塞向下运动使曲轴旋转直到自行运转。

2. 底盘

底盘（图1-2）由传动系统、行驶系统、转向系统和制动系统四部分组成。它主要支承、安装汽车发动机及其各部件、总成，形成汽车的整体结构，承受发动机动力，保证汽车正常行驶。

图1-2 底盘

1 传动系统 传动系统的主要部件为离合器、变速器、万向传动装置以及驱动桥（后驱车）。传动系统可将发动机产生的动力传递到驱动车轮，并承担了减速增距、变速、倒车、中断动力、轮间差速和轴间差速等功能。传动系统与发动机配合工作，保证汽车在各种工况条件下的正常行驶，并具有良好的动力性和经济性。

2 行驶系统 行驶系统由车架、车桥、车轮和悬挂系统构成，其作用如下。

① 接受传动系统的动力，通过驱动轮与路面的作用产生牵引力，使汽车正常行驶。

② 承受汽车的总重量和地面的反力。

③ 缓和不平路面对车身造成的冲击，衰减汽车行驶中的振动，保持行驶的平顺性。

④ 与转向系统配合，保证汽车操控的稳定性。

3 转向系统 转向系统包括转向盘、转向柱、转向机、助力转向系统等。转向系统的功用是保证汽车能按照驾驶人的意愿进行直线或转向行驶。按转向能源不同，转向系统可分为机械转向系统和动力转向系统两大类。

4 制动系统 制动系统可分为行车制动系统、驻车制动系统、应急制动系统及辅助制动系统等，其中行车制动系统和驻车制动系统是每一辆汽车都必须具备的系统。制动系统的作用如下。

① 使行驶中的汽车按照驾驶人的要求进行强制减速甚至停车。
② 使已停止的汽车在各种道路条件下（包括在坡道上）稳定驻车。
③ 使下坡行驶的汽车速度保持稳定。

3. 车身

如图1-3所示，车身主要包括车身壳体、车门、车身钣件、车身内外装饰件和车身附件等。

图1-3 车身

1 车身壳体 车身壳体是一切车身部件的安装基础，通常是指纵梁、横梁和支柱等主要承力元件以及与它们相连接的钣件共同组成的刚性空间结构。车身壳体通常还包括在其上敷设的隔声、隔热、防振、防腐、密封等材料及涂层。

2 车门 车门通过铰链安装在车身壳体上，其结构较复杂，是保证车身使用性能的重要部件。

3 车身钣件 车身钣件形成了容纳发动机、车轮等部件的空间。

4 车身内外装饰件

① 车身外部装饰件主要是指装饰条、车轮装饰罩、标志、浮雕式文字等。

散热器面罩、保险杠、灯具以及后视镜等附件亦有明显的装饰性。

② 车内装饰件包括仪表板、顶篷、侧壁、座椅等表面覆饰物，以及窗帘和地毯。

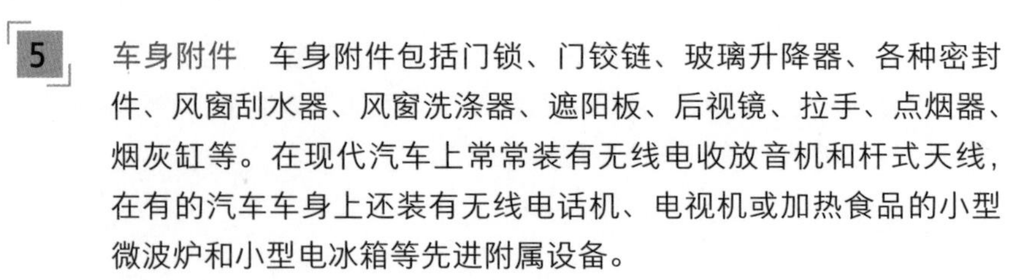

5 车身附件　车身附件包括门锁、门铰链、玻璃升降器、各种密封件、风窗刮水器、风窗洗涤器、遮阳板、后视镜、拉手、点烟器、烟灰缸等。在现代汽车上常常装有无线电收放音机和杆式天线，在有的汽车车身上还装有无线电话机、电视机或加热食品的小型微波炉和小型电冰箱等先进附属设备。

4.电气设备

汽车电气设备主要包括启动系统、充电系统、点火系统、照明与信号系统、刮水器和洗涤器系统、组合仪表与报警装置、空调系统、安全气囊系统、音响系统、导航系统等。

二、汽车快修安全操作规程

1.一般安全操作规程

① 不准赤脚或穿拖鞋、高跟鞋和裙子上班，留长发者要戴工作帽。

② 在进行工作时禁止吸烟。

③ 工作时要集中精神，不准说笑、打闹。

④ 使用一切机械工具及电气设备，必须遵守其安全操作规程，并要爱护使用。

⑤ 工作时必须按规定穿戴劳保用品，不准光着膀子进行工作。

⑥ 严禁无驾驶证人员开动一切车辆。

⑦ 严禁开动与驾驶证规定不相符的车辆。

⑧ 未经领导批准，非操作者不得随便动用机床等设备。

⑨ 工作场所、车辆旁、工作台、通道应经常保持整洁，做到文明生产。

⑩ 严禁一切低燃点油、气与照明设施及带电的线路接触。

2.汽车快修工安全操作规程

① 工作前应检查所使用的工具是否完好。施工时工具必须摆放整齐，不得

随地乱放，工作后应将工具清点检查并擦干净，按要求放入工具车或工具箱内。

② 拆装零部件时，必须使用合适的工具或专用工具，不得大力蛮干，不得用硬物手锤直接敲击零件。所有零件拆卸后都要按顺序摆放整齐，不得随地堆放。

③ 废油应倒入指定废油桶收集，不得随地倒流或倒入排水沟内，防止废油污染。

④ 进行修理作业时应注意保护汽车漆面光泽、装饰、座位以及地毯，并保持修理车辆的整洁。

⑤ 用千斤顶进行底盘作业时，必须选择平坦、坚实的场地并用角木将前后车轮塞稳，然后用安全凳按车型规定支撑点将车辆支撑稳固。严禁单纯用千斤顶顶起后就在车辆底下作业。

⑥ 修配过程中应认真检查原件或更换件是否符合技术要求，并严格按修理技术规范精心进行作业和检查调试。

⑦ 发动机启动前，应先检查各部件装配是否正确，是否按规定加足润滑油、冷却水，置变速器于空挡，轻点起动机试运转。严禁车底有人时启动车辆。

⑧ 发动机过热时，不得打开散热器盖，谨防沸水烫伤。

⑨ 地面人员指挥车辆行驶时，不得站在车辆正前方与后方，并注意周围障碍物。

项目二　汽车快修工具及设备

一、工具

1. 常用工具

1 手锤　手锤（图1-4）由锤头和手柄组成。锤头形状有圆头和方头。手柄用硬杂木制成，长度一般为350mm左右。

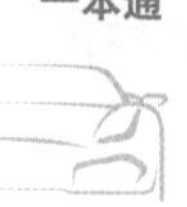

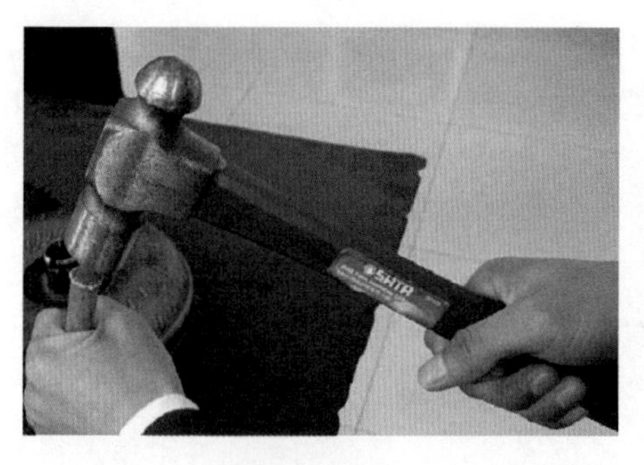

图1-4　手锤

图1-5　螺钉旋具

2 螺钉旋具　螺钉旋具主要用于旋拧头部开有凹槽的螺栓和螺钉。选用螺钉旋具时，应先保证螺钉旋具头部的尺寸与螺钉的槽部形状完全配合，选用不当会严重损坏螺钉。常用的有一字螺钉旋具和十字螺钉旋具，并且还有长短不同型号，如图1-5所示。一字螺钉旋具用于带单个槽头的螺钉，十字螺钉旋具用于带十字槽头的螺钉。

3 钳子　钳子用于夹持扁形或圆形零部件，切断软的金属丝等。应根据所要达到的不同目的来选用不同种类的钳子，常用的钳子有钢丝钳、鲤鱼钳、斜口钳、尖嘴钳、剥线钳、大力钳等。

1）钢丝钳（图1-6）　主要用于夹持各种零件，根部的刃口可用于切割细导线。使用钢丝钳时，用手握住钳柄后端，使钳口开闭。当用钢丝钳切断较硬的钢丝等物体时，禁止使用锤子击打钢丝钳。

2）鲤鱼钳（图1-7）　鲤鱼钳的手柄一般较长，可通过改变支点上槽孔的位置来调节钳口张开的程度。在用鲤鱼钳夹持零件前，必须用防护布或其他防护罩遮盖易损坏件，防止锯齿状钳口对易损件造成损坏。

图1-6　钢丝钳

图1-7　鲤鱼钳

3）斜口钳（图1-8）　斜口钳可以剪切钢丝钳和尖嘴钳不能剪切的细导线或线束中的导线。使用时用右手操作斜口钳，将钳口朝内侧，然后用小指伸在两个钳柄中间来抵住钳柄，张开钳头，这样分开钳柄灵活，剪切方便。严禁用斜口钳切割硬的或粗的金属丝，否则会损坏钳口。

4）尖嘴钳（图1-9）　用于在狭小地方夹持零件。使用时握住尖嘴钳的两个手柄，即可夹持或剪切。严禁对尖嘴钳的钳头部施加过大的压力，以免损坏尖嘴钳。

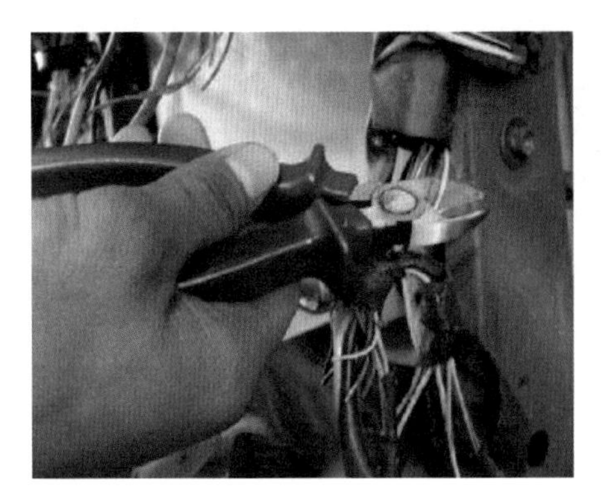

图1-8　斜口钳

图1-9　尖嘴钳

5）剥线钳（图1-10）　剥线钳是汽车电工用来剥除导线表面绝缘层的专用工具。根据导线的粗细型号选择相应的剥线刀口，然后将准备好的导线放在剥线钳的刀刃中间，选择好要剥线的长度，最后用力将绝缘层剥离。

6）大力钳（图1-11）　大力钳能以较大的夹紧力夹持工件。

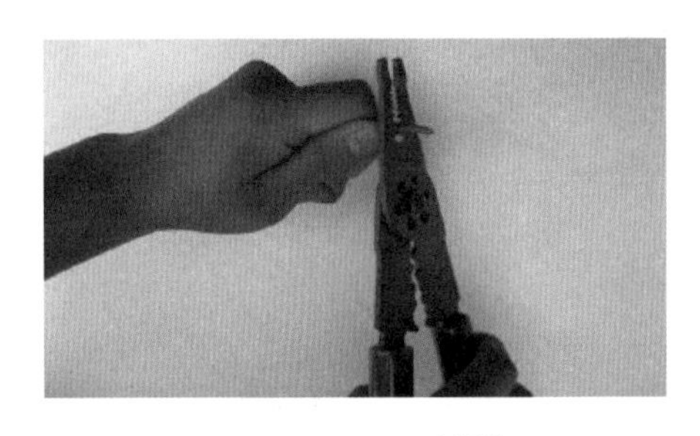

图1-10　剥线钳

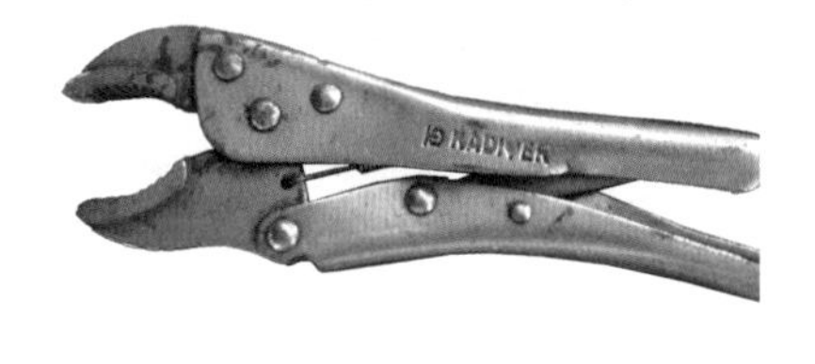

图1-11　大力钳

4　扳手　扳手是汽车修理中最常用的一种工具，主要用于扭转螺栓、螺母或带有螺纹的零件。扳手的种类繁多，常见的有开口扳手、梅花扳手、活动扳手、扭力扳手等。

1）开口扳手（图1-12） 开口扳手两头均为U形的钳口，它由一套尺寸不同钳口组成，适用于拆装标准规格的螺栓和螺母。

2）梅花扳手（图1-13） 梅花扳手的工作部位呈花环状，套住螺母扳转可使六角受力均匀。对标准规格的螺栓和螺母均可使用梅花扳手拆装，特别是螺栓和螺母需用较大力矩拆装时，应使用梅花扳手。

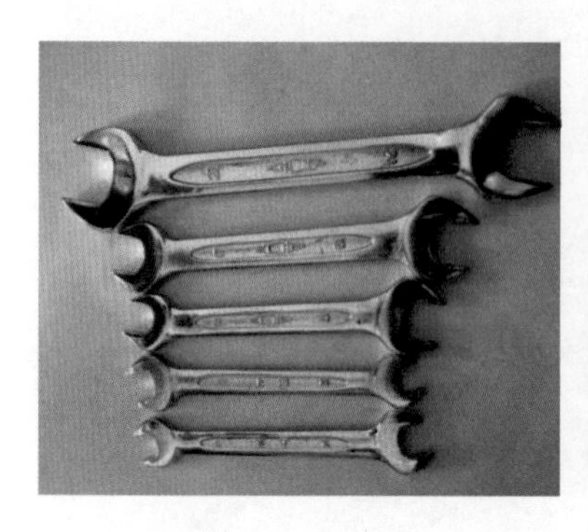

图1-12 开口扳手

图1-13 梅花扳手

3）活动扳手（图1-14） 活动扳手有大、中、小3种。它由固定和可调两部分组成，它能在一定范围内任意调节开口尺寸。活动扳手一般用于不同尺寸的螺栓和螺母的拆装。

4）扭力扳手（图1-15） 扭力扳手有预调式和指针式2种形式。一般用于有规定拧紧力矩的螺栓和螺母的拆装，如缸盖、曲轴主轴承盖、连杆盖等部位的螺栓和螺母。

图1-14 活动扳手

图1-15 扭力扳手

5）内六角扳手（图1-16） 拆卸内六角和花形内六角螺栓时，除旋具套筒头外，还可以使用专用内六角和花形内六角扳手，此类扳手多为L形。

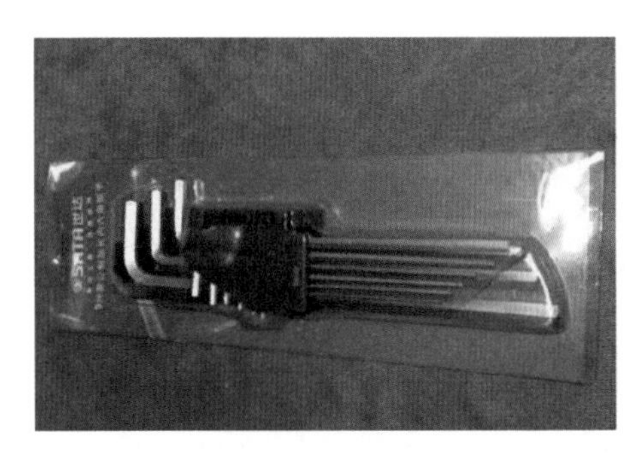

图1-16 内六角扳手

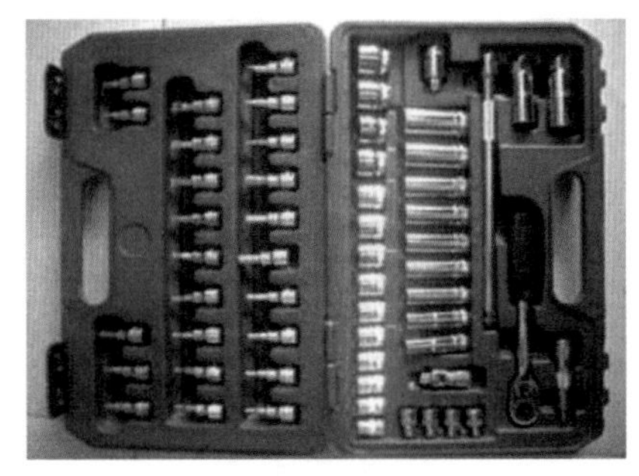

图1-17 套筒扳手

6）套筒扳手（图1-17） 有13件、17件、24件三套。适用于拆装某些由于位置所限，处于普通扳手不能工作的地方的螺栓和螺母。拆装螺栓与螺母时，可根据需要选用不同的套筒和手柄。

7）梅花棘轮扳手（图1-18） 梅花棘轮扳手是普通梅花扳手的改进产品，它在梅花扳手的花环部增加了棘轮装置。

8）气动扳手（图1-19） 气动扳手是汽修厂最为常见的气动工具，俗称“风炮”。气动扳手以压缩空气作为动力源，压缩空气进入气动扳手之后带动里面的叶轮转动而产生旋转动力，同时叶轮再带动相连接的传动装置进行类似捶打的运动。在每一次高速旋转之后，可把螺栓拧紧或者卸下来。

图1-18 梅花棘轮扳手

图1-19 气动扳手

2. 专用工具

火花塞套筒（图1-20） 火花塞套筒属薄壁16mm长套筒，为火花塞的专用拆装工具。火花塞套筒内部装有磁铁或橡胶圈，可有效防止火花塞掉落。使用时，根据火花塞的装配位置和火花塞六角的尺寸应选用不同高度和径向尺寸的火花塞套筒。

图1-20　火花塞套筒

图1-21　机油滤清器专用工具

2　机油滤清器专用工具（图1-21）　机油滤清器扳手类型很多，结构各异，但使用操作方法基本相似，它主要有杯式、钳式、环式、三爪式等形式。使用最多的是杯式机油滤清器扳手，因为它可以和机油滤清器无缝相扣，对机油滤清器没有损坏。应根据不同车型选用相对应规格的机油滤清器扳手。

3　制动器压缩工具（图1-22）　制动器压缩工具是使制动轮缸复位的专用工具，它的类型很多，结构各异，但操作方法基本相似。使用时将制动器压缩工具放入制动钳之间，然后旋动后端手柄顶动制动轮缸活塞使其复位。

4　减振器弹簧压缩器（图1-23）　减振器弹簧压缩器的两根长杆上加工有螺纹，在螺纹杆上设计有爪形钩。使用时，将减振器弹簧压缩器对置于螺旋弹簧的两端，使爪形钩固定于弹簧上。

图1-22　制动器压缩工具

图1-23　减振器弹簧压缩器

5 拉马（图1–24） 拉马也称拔拉器，主要用于汽车维修中轴承部位的拆装，常见的拔拉器有两爪和三爪2种类型。使用时，拉臂能抓住所要拆卸的部件，使用扳手旋进中心螺杆，随着中心螺杆的旋入，拉臂上就会产生很大的拉力，直到把部件拆下。

6 燃油泵锁紧盖拆装器（图1–25） 燃油泵锁紧盖拆装器能够方便地拆装燃油泵锁紧盖，并且不容易损伤锁紧盖。使用时，将燃油泵锁紧盖拆装器完全放入燃油泵锁紧盖内，然后调整棘轮扳手，根据需要拧紧或拧松燃油泵锁紧盖。

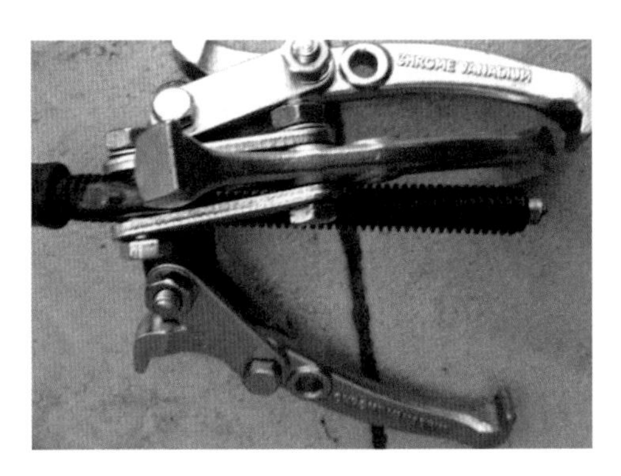

图1–24 拉马

图1–25 燃油泵锁紧盖拆装器

7 千斤顶（图1–26） 千斤顶有螺旋千斤顶、液压千斤顶和液压举升器等。汽车常用液压千斤顶有3t、5t、8t等。液压千斤顶用于举升汽车及其他重物，它由顶块、螺旋杆、储油筒、油缸、摇动手柄、压油柱塞、柱塞筒、进出油阀、油阀、螺塞和壳体等组成。使用千斤顶前，应将汽车停放在平坦、硬实的路面上，以防车辆倾斜；在松软路面上使用时，应在千斤顶底下加垫木；举升时，

图1–26 千斤顶

千斤顶应与车辆支撑点垂直对正；千斤顶未顶牢前及回落时，禁止在车下工作。使用千斤顶时，先把开关拧紧，放好千斤顶，对正被顶部位，按压手柄将车辆顶起。当落下千斤顶时，将开关慢慢旋开，车辆就逐渐下降。

二、仪器

1.测试灯

测试灯（图1-27）由试灯、导线、测试端头（探头、探针）及搭铁夹组成。它主要用于检查电源系统是否给各电气系统提供电源。测试灯的形状各异，甚至可以自制，但它们的使用方法一致。使用测试灯时，将搭铁夹搭铁，另一端接电气部件电源插头。如试灯亮，说明电气部件的电源电路无故障；如试灯不亮，再接去向电源方向的第二个接线点。如试灯亮，则故障在第一接点与第二接点之间，电路出现的是断路故障；如试灯仍不亮，则再接第三接点……直到试灯亮为止。这时，故障在最后被测接头与上一个被测接点间的电路上，大多为断路故障。

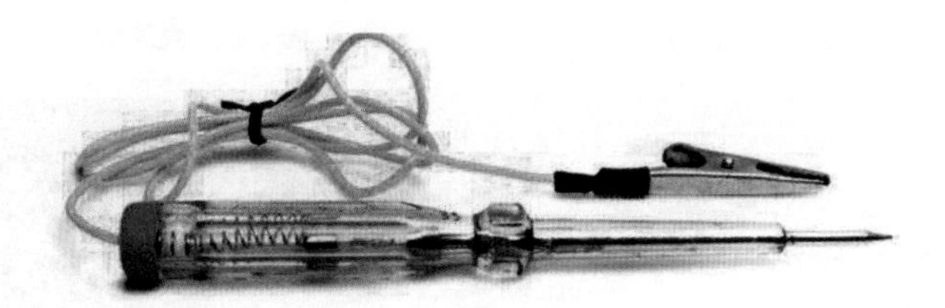

图1-27　测试灯

2.万用表

万用表（图1-28）除可以检测电压、电阻和电流等参数外，还可以检测二极管、三极管、电容、电感等。

3.蓄电池检测仪

蓄电池测试仪（图1-29）可以对单节电池的性能进行测试，也可以对成组使用的电池进行整体测试。通过交流注入法精确测量蓄电池的端电压和内阻值，来判断蓄电池容量和技术状态的优劣。

（a）指针式万用表　　（b）数字式万用表

图1-28　万用表

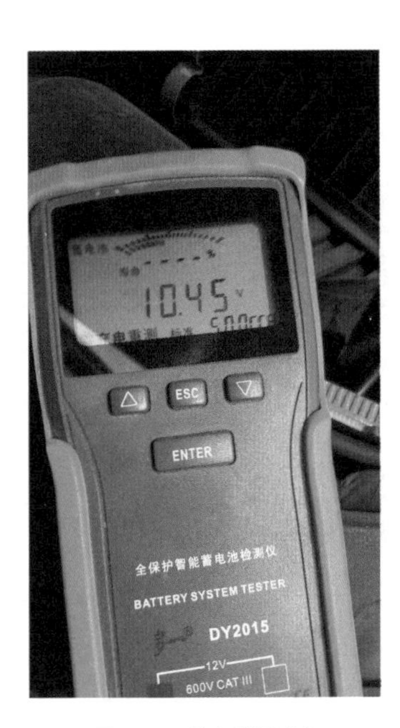

图1-29　蓄电池测试仪

4. 制动液检测仪

制动液检测仪（图1-30）是一款通过检测制动液中的含水量，来判断制动液是否需要更换的手持汽车检测设备，可以用来检测制动液DOT3、DOT4、DOT5.1。

图1-30　制动液检测仪

5. 空调歧管压力表

空调歧管压力表（图1-31）是维修汽车空调制冷系统必不可少的重要工具，它与制冷系统相接可进行抽真空、加制冷剂和诊断制冷系统故障。空调歧管压力表有多种用途，它可以用来检测空调系统压力、向空调系统充注制冷剂、抽真空、加注冷冻机油等。

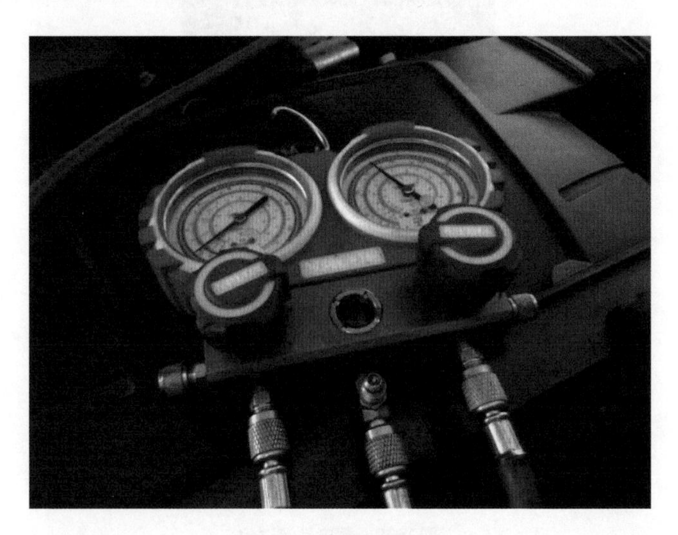

图1-31　空调歧管压力表

6.轮胎气压表

将轮胎气压表（图1-32）的测量端槽口与轮胎气门嘴对正压紧，这时轮胎气压表指针发生偏转，其指示值即为该轮胎的充气气压。如果是数字显示的轮胎气压表，则轮胎气压值直接显示在轮胎气压表上。

7.气缸压力表

气缸压力表（图1-33）是一种专门用于检查气缸内气体压力大小的量具。

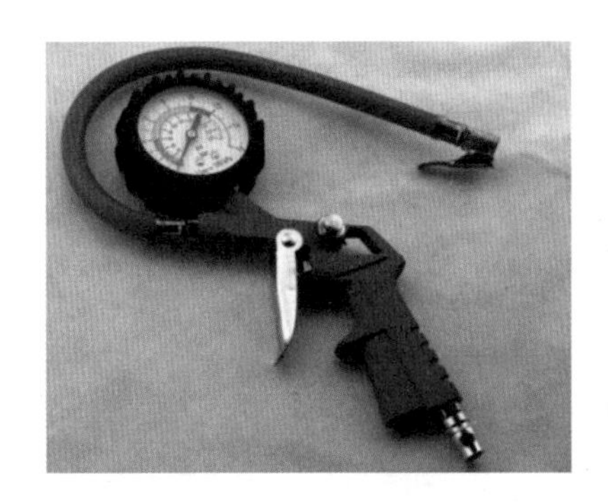

图1-32　轮胎气压表

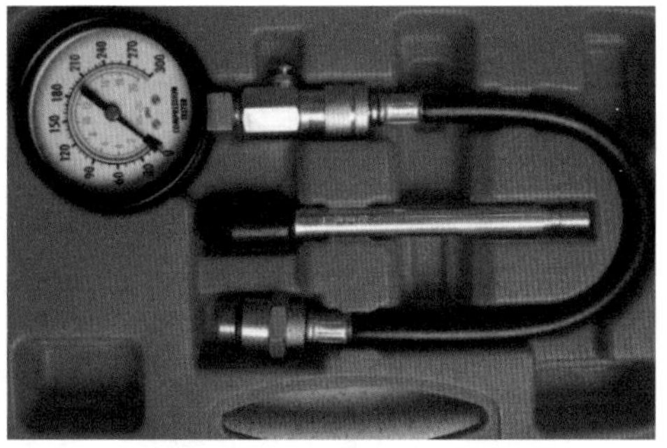

图1-33　气缸压力表

8.机油压力表

机油压力表（图1-34）是一种专门用于检查机油压力的量具。

9.燃油压力表

燃油压力表（图1-35）是一种专门用于检查燃油压力的量具。

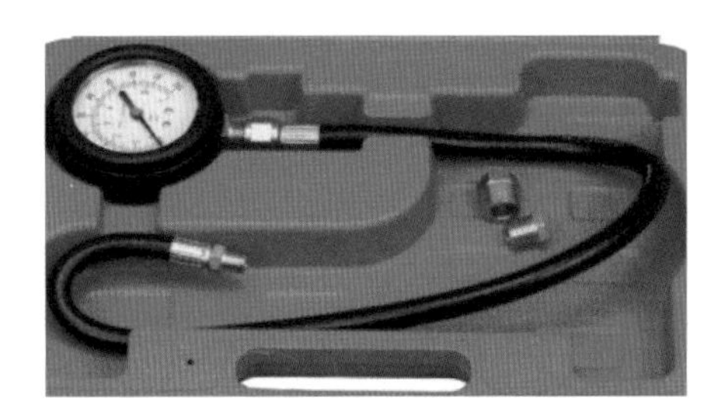

图1-34　机油压力表

图1-35　燃油压力表

10.汽车故障诊断仪

汽车故障诊断仪（图1-36）用于汽车故障的诊断，维修人员可以利用它迅速地读取汽车电控系统中的故障，并通过显示屏显示故障信息，迅速查明发生故障的部位及原因。

11. 12V整体式高率放电计

12V整体式高率放电计（图1-37）是一种普通高率放电计，它能检测出12V蓄电池的放电情况。

图1-36　汽车故障诊断仪

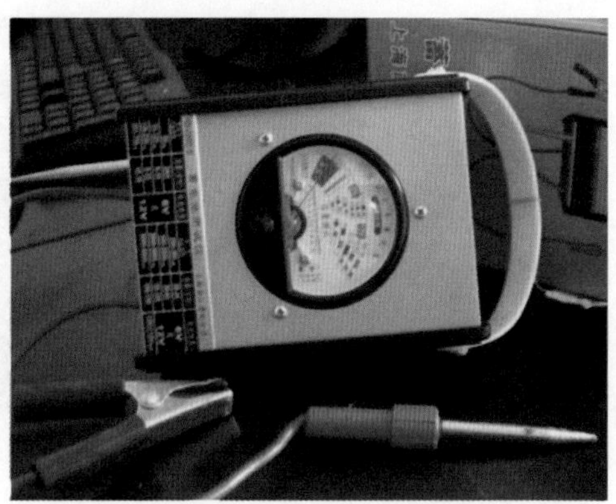

图1-37　12V整体式高率放电计

三、设备

1.扒胎机

扒胎机也叫轮胎拆装机（图1-38），它是在轮胎更换时辅助拆卸、安装的工具。扒胎机有气动式和液压式2种，最常用的是气动式。

2.车轮动平衡机

车轮动平衡机（图1-39）的作用是使车轮在动态情况下检查车轮的平衡情况，然后通过增加平衡块的方法来校正车轮各边缘的不平衡位置。车轮动平衡机主要由机架、夹持盘、转动装置和检测系统等组成。

图1-38 扒胎机

图1-39 车轮动平衡机

3. 四轮定位仪

四轮定位仪（图1-40）是用于检测汽车四轮主要参数并进行调整的仪器。它主要是将所测量到的汽车车轮定位参数与原厂设计参数进行对比，判断其是否符合原厂设计要求，能够起到使汽车操纵轻便、行驶稳定可靠、减少轮胎偏磨损等作用。基本结构包括四轮定位仪主机（计算机、显示器、打印机）、传感器、通信线（无线型号发生器）、夹具、转盘、转向盘固定架、制动踏板固定架等。

图1-40 四轮定位仪

4. 举升机

举升机（图1-41）主要用于汽车维修过程中举升汽车，汽车开到举升机工位，通过人工操作可使汽车举升至一定的高度，便于汽车维修。举升机在汽车维修养护中发挥着非常重要的作用，现在的维修厂都配备了举升机，举升机是汽车维修厂的必备设备。

图1-41　举升机

5. 废油收集器

废油收集器（图1-42）主要用于更换发动机机油时从车下收集废机油。此外，还可以通过接入压缩空气产生真空，从发动机上直接吸出需更换的油液。

图1-42　废油收集器

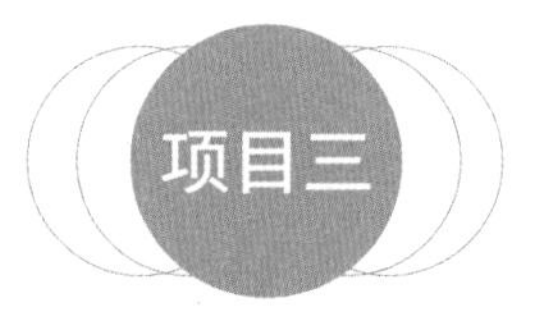

汽车快修保养周期

一、发动机

1. 机油和机油滤清器的更换周期

机油和机油滤清器更换（图1-43）是发动机保养的基础，机油和机油滤清器的更换周期一般为7500km或6个月左右。对于新车的首保一般为2000km，因为新车发动机内部是新的，需要磨合后才能完美地配合，新车发动机磨合期容易产生杂质。

图1-43　更换机油滤清器

① 机油不仅能对发动机内的运动零件进行润滑，还能起到冷却、密封、防锈等作用。

② 机油滤清器（俗称机油格）用于去除机油中的灰尘、金属颗粒、碳沉淀物和煤烟颗粒等杂质，以确保润滑油道畅通，从而润滑发动机的运动零件。不同品牌、不同车型的机油滤清器，其结构有所差异，使用时必须选择符合自己车型的机油滤清器。

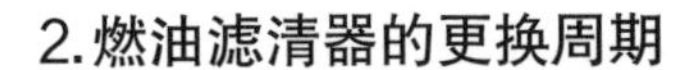

2.燃油滤清器的更换周期

一般内置式燃油滤清器更换周期为40000～80000km，外置式燃油滤清器更换周期为20000km左右，但不同车型之间的保养周期可能会有略微的差异，应以汽车使用手册规定的为准（图1-44）。

图1-44　更换燃油滤清器

3.空气滤清器的更换周期

空气滤清器的主要作用是阻隔发动机在进气过程中吸入的粉尘和颗粒，若滤网长期得不到清洁或更换，就无法将灰尘和异物拒之门外。若发动机内吸入了灰尘，会造成气缸壁非正常磨损。因此空气滤清器最好每行驶5000km清洁一次，用压缩空气吹净。空气滤清器更换周期一般为20000km（图1-45）。

图1-45　更换空气滤清器

4. 火花塞的更换周期

火花塞（图1-46）的作用是把点火线圈产生的高压电引入发动机气缸，在火花塞电极的间隙之间产生火花点燃混合气。火花塞属于典型的易消耗件，普通火花塞一般每行驶20000～40000km即应更换。而对于铂金火花塞一般每行驶100000km后才更换。

图1-46　火花塞

5. 发动机冷却液的更换周期

由于发动机冷却液在高温状态下长期使用后，必然会导致变质，从而使其性能下降。因此对于发动机冷却液，一般新车4年后更换，此后每2年或每行驶60000km换一次，但具体需要参考汽车保养手册中的有关规定（图1-47）。

图1-47　更换发动机冷却液

二、变速器

1. 自动变速器的保养周期

对于自动变速器，在一般情况下每行驶40000～60000km更换一次自动变速器油（图1-48），恶劣行驶情况每行驶30000km更换一次。由于自动变速器工作温度比较高（可达到120℃左右），同时离合器和制动器在工作时产生摩擦力矩也会生成大量的热，从而会导致ATF（自动变速器油）在一定时间内变质，所以要定期对自动变速器进行保养。

图1-48　更换自动变速器油

2. 手动变速器的保养周期

手动变速器油一般称为齿轮油，它的主要作用是润滑变速器内的齿轮，减少摩擦，延长变速器的使用寿命。对于手动变速器油，一般制造厂推荐每行驶30000～48000km更换一次。

三、制动系统

1. 制动系统的保养周期

制动系统（图1-49）由储液罐、制动总泵、真空助力器、制动踏板、制动开关、制动灯、制动油管、ABS、制动分泵、制动摩擦片和制动盘等组成。有些车后轮采用鼓式制动器，它由制动鼓、从动片、主动片和制动分泵等组成。

图1-49　制动系统

每次保养制动系统时都要检查制动油管是否泄漏、制动摩擦片厚度以及制动液、制动盘等是否良好。制动摩擦片的使用寿命为车辆行驶40000～60000km，若经常急刹车，制动摩擦片磨损会加快，更换周期可能更短。一般制动摩擦片磨损到整个厚度的1/3时进行更换，此外，制动盘还应根据使用情况不同选择进行光磨修复制动盘或更换制动盘。

2.制动液的更换周期

制动液的更换周期一般是每2年或者每行驶60000km更换一次，以二者先到的为准（图1-50）。更换时一定要使用指定型号的制动液，不可以与其他品牌的制动液混用，以防发生化学反应，影响制动效果。随着时间和里程的增加，制动液会慢慢地吸收空气中的水分，水分过高会影响制动系统的制动效果。

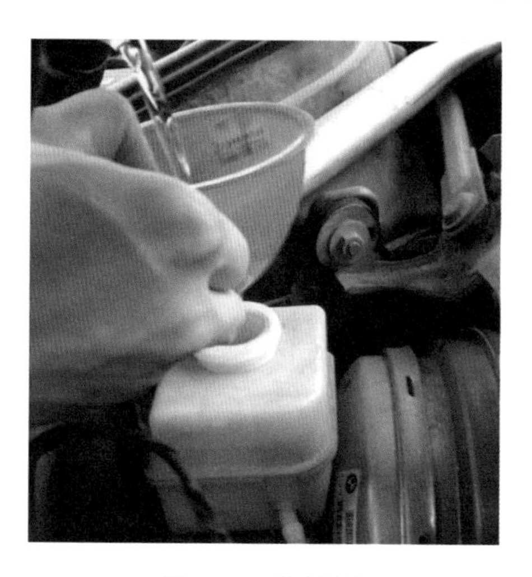

图1-50　更换制动液

四、转向系统

汽车每行驶40000～45000km，转向系统需要进行一次保养，具体的方法如下。

① 转向油是转向系统工作的关键，应定期检查转向油是否缺少。同时清洗转向油储油罐及滤芯，防止转向油过脏或变质。

② 检查转向泵传动带的松紧度，松紧度应以手按下1cm左右为宜。同时仔细观察传动带是否有裂纹，如有则及时更换。

③ 如图1-51所示，定期检查转向系统的管接头是否有泄漏现象，应防止转向油管与其他部件的接触而导致摩擦破损。若发现转向油管有老化现象，应及时更换。

图1-51　检查转向系统

④ 更换转向油时，油液应符合原厂要求，不同品牌的油液不能混用。

⑤ 定期对转向系统进行清洗，通过清洗转向系统可除去系统中的有害杂质和其他沉淀物，消除转向系统内的噪声，并防止转向泵的损坏。在更换转向油之前，也应对转向系统进行清洗。

五、轮胎

① 轮胎的使用周期一般是3年或60000km。

② 根据驾驶人不同的驾驶习惯和驾驶路线，应参照汽车保养手册定期进行轮胎换位。轮胎换位间隔周期一般新车为10000km，以后每行驶5000～10000km进行一次轮胎换位。

chapter
two

第二章

汽车快修常见项目

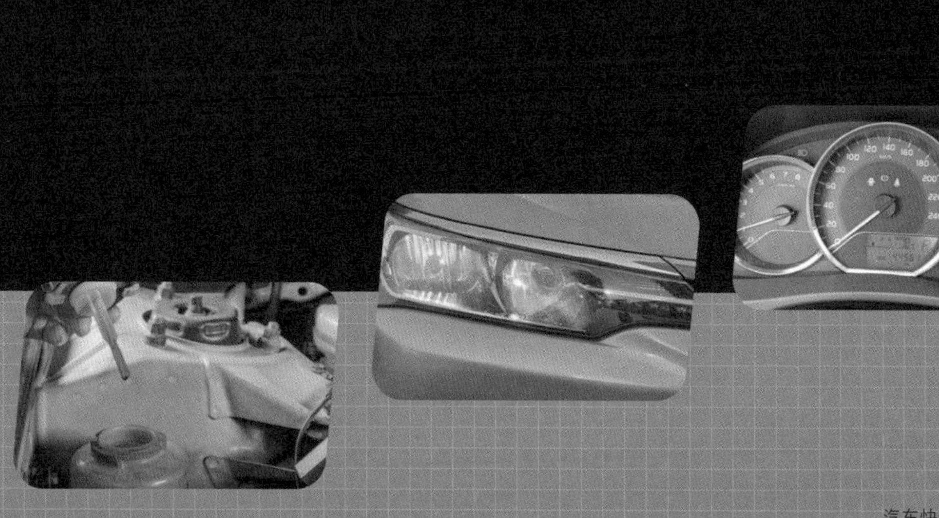

汽车快修常规检查

一、车身外观

① 车身外观应整洁，各零部件应完好，连接紧固，没有缺陷。

② 车体周正，车体外缘左右对称部位高度差不得大于40mm；车身和驾驶室应坚固耐用，覆盖件无开裂和锈蚀，车身和驾驶室在车架上安装牢固，不能因车辆振动而引起松动。

③ 车身的外部和内部不应有任何使人致伤的尖锐突出。

④ 驾驶室和乘客舱所用的内饰材料应具有阻燃性。

⑤ 车门和车窗应开启轻便，不得有自行开启的现象，门锁应牢固可靠，门窗密封性良好，没有漏水现象。

⑥ 机动车驾驶位必须保证驾驶员的前方视野和侧方视野车窗不张贴妨碍驾驶员视野的附加物及镜面反光遮阳膜。

⑦ 轿车应有护轮板，其他车辆的所有车轮应有挡泥板。

二、灯光及电气

需要两名技师（技师A和技师B）配合检查。

① 技师B通知技师A配合检查前部灯光并检查喇叭是否正常。

② 技师A站在车辆正前方偏45°角，技师B分别打开小灯、前雾灯、近光灯、远光灯（图2-1）、左转向灯、右转向灯、超速闪光灯、危险警告灯，技师A检查灯光是否点亮。

③ 技师A站在车辆正后方偏45°角，技师B分别打开小灯、后雾灯、左转向灯、右转向灯、危险警告灯、制动灯（图2-2）、倒车灯，技师A检查灯光是否点亮。

④ 打开汽车空调，检查空调面板指示灯是否正常，空调出风口冷气是否正常。

⑤ 打开汽车音响，检查音响播放是否正常。

图2-1　检查近光灯、远光灯

图2-2　检查制动灯

三、发动机舱

1.检查发动机机油油位

发动机机油油位应在上限（MAX）与下限（MIN）之间。目测检查发动机机油是否有泄漏。

2.检查发动机冷却液液位

如图2-3所示，检查发动机冷却液液位，应在上限（FULL）与下限（LOW）之间，如果在下限之下，检查发动机冷却液无泄漏后再添加发动机冷却液。

3.检查制动液液位

如图2-4所示，检查制动液液位，应在上限（MAX）与下限（MIN）之间，如果在下限之下，检查制动系统无泄漏后再添加制动液。

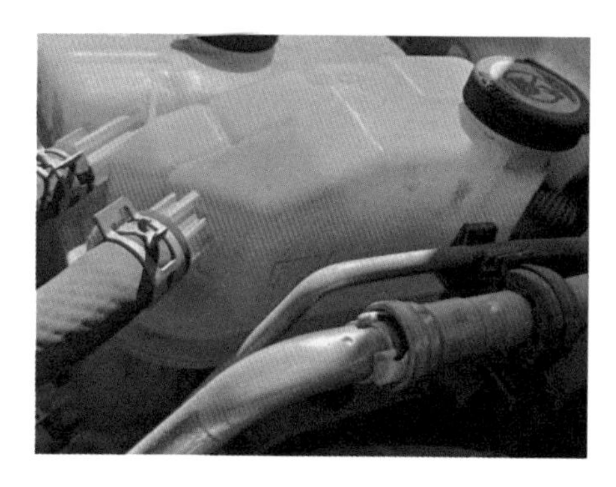

图2-3　检查发动机冷却液液位

图2-4　检查制动液液位

4. 检查助力转向油油位

助力转向油油位应在上限（MAX）与下限（MIN）之间，如果在下限之下，检查转向系统无泄漏后再添加助力转向油。

5. 检查玻璃水

如果玻璃水液位过低，则需添加玻璃水。

6. 检查蓄电池的状况

① 检查蓄电池线桩头是否松动。

② 检查蓄电池端子是否腐蚀。

③ 检查蓄电池电量。用蓄电池检测仪测量蓄电池的电量。打印检测结果，并粘贴到保养记录表中。

7. 检查发动机线束

检查发动机线束是否松动、老化、破损等。

8. 检查传动带

① 检查传动带内侧是否磨损。

② 检查传动带是否开裂。

③ 用手指推动传动带的中间部分，检查传动带的张紧程度。

9. 检查空调系统

① 检查空调高低压空调管路是否有破损，是否与车架接触，是否有松旷。

② 检查空调压缩机是否能正常工作。

四、车内

① 如图2-5所示，检查仪表各显示功能是否正常，是否有系统报故障。

② 检查灯光开关的控制是否能正常使用。

③ 检查雨刮开关的控制是否能正常使用。

④ 如图2-6所示，检查空调面板开关控制和功能键是否能正常使用、空调功能是否正常。

图2-5　检查仪表各显示功能

图2-6　检查空调面板开关控制和功能键

⑤ 检查驾驶人座椅开关控制是否能正常调节；锁止座椅，检查座椅是否有松动。

⑥ 检查安全带。

◆拉出安全带，检查织带是否锁定，并在用力猛拉时不会被伸长。

◆检查安全带带扣的功能。

◆充分拉伸安全带，检查是否有损坏、撕裂或磨损。

⑦ 检查车内其他电子设备的功能（DVD、导航、音响）。

⑧ 检查中控锁功能，使车门锁锁止或开启，并使全车门锁打开。

⑨ 检查四门玻璃是否正常开启或关闭，玻璃升降时是否有异响。

⑩ 检查车内后视镜是否有损坏，调节是否正常。

⑪ 检查车外后视镜能否正常调节，工作时是否有异响。

⑫ 检查室内灯开关、灯光是否正常。

⑬ 检查天窗能否正常工作，开启和关闭时是否有异响。

⑭ 检查化妆镜灯光。

⑮ 检查转向盘。

◆检查转向盘游隙。调节转向盘，使前轮朝向正前方位置；轻轻地左/右转动转向盘，直至感觉到压力为止；用量尺测量转向盘游隙。

◆检查转向盘的固定情况。上/下、左/右移动转向盘的同时，检查其是否晃动。

⑯ 检查换挡杆、挡位，能否正常换挡、挡位显示是否正确。

⑰ 检查制动器。

◆检查制动踏板间隙。用手按制动踏板，直至感受到制动压力为止，检查与正常位置之间的制动踏板间隙。制动踏板间隙为3～11mm。

◆检查制动踏板和仪表下板之间的高度。压下制动踏板，用量尺测出制动踏板和仪表下板之间的高度。

五、车身底盘

① 将车辆举升至离地50cm。

② 检查轮胎侧面是否开裂或损坏。

③ 如图2-7所示，检查轮胎上是否有钉子、石子等，以及表面磨损是否不均匀。

图2-7　检查轮胎

④ 用量尺测量轮胎胎纹深度。

⑤ 用气压表检查轮胎气压。

⑥ 目测检查制动摩擦片、制动盘的磨损情况。

⑦ 用手左右晃动轮胎，检查轮毂轴承是否松旷。

⑧ 快速转动轮胎，检查制动盘旋转状态，检查轴承是否有异响。

⑨ 检查减振器是否漏油、防尘套是否损坏。

⑩ 检查挡泥板是否损坏、缺失。

⑪ 检查制动软管是否破损、漏油。

⑫ 检查制动油管是否损坏、漏油。

⑬ 检查发动机下支架是否弯曲变形。

⑭ 用手检查转向机内外球头是否松动、防尘套是否损坏。

⑮ 用手检查下摆臂球头是否松旷、球头防尘套是否损坏。

⑯ 检查燃油箱是否刮伤。

⑰ 检查发动机油底壳、变速器、驱动桥是否刮伤、漏油。

汽车用油液的检查与更换

一、汽车用油液的种类及功能

1.发动机润滑油

1 发动机润滑油的牌号 发动机润滑油（也称发动机机油）的正规厂商一定会在产品外包装显著位置注明润滑油牌号，牌号由一组数字及英文字母共同构成，如SJ 5W/40、SM 5W/40等。牌号前面的字母部分如“SJ”“SM”代表汽油机润滑油的质量等级，后面的数字部分“5W/40”代表汽油机润滑油的黏度等级。

随着发动机技术的发展，为了适合现代精密发动机，更适合涡轮增压，美国API新出的标准API+GF（节能）规格，GF是ILSAC（国际润滑剂标准化及认证委员会）制定的节能认证，它在汽油机润滑油类别中共列出5个带有“GF”的品种代号：GF-1、GF-2、GF-3、GF-4、GF-5。如图2-8所示，SN/GF-5是目前润滑油质量等级和环保级别最高的润滑油。

图2-8 某品牌汽油机润滑油

1）根据世界通行的美国石油学会API分类 将汽油机润滑油分为以“S”为系列的SA、SB、SC、SD、SE、SF、SG、SH、SJ、SM、SN等多个等级。质量按字母顺序依次提高，目前SM、SN级润滑油都是比较好的全合成汽油机润滑油；市场上常见的长城福星机油、美孚一号均属于SJ级别；SH级次之，市场上常见的品牌有长城、美孚等；而

SE、SF则属中档机油。

2）根据黏度等级分类法　将润滑油分为夏季用的高温型、冬季用的低温型和冬夏通用的全天候型3类。

① 冬季用油牌号分别为0W、5W、10W、15W、20W、25W，符号W代表冬季，是Winter（冬天）的首字母，W前的数字越小，低温黏度越小，低温流动性越好，适用的最低气温越低。

② 夏季用油牌号分别为20、30、40、50，数字越大其黏度越大，适用的最高气温越高。

③ 冬夏通用油牌号分别为0W/20、5W/20、5W/30、5W/40、5W/50、10W/20、10W/30、10W/40、10W/50、15W/20、15W/30、15W/40、15W/50、20W/20、20W/30、20W/40、20W/50，代表冬用部分的数字越小、代表夏季部分的数字越大者黏度越高，适用的气温范围越大。

2　汽油机润滑油的选用

① 根据发动机的压缩比选用汽油机润滑油的质量等级。汽油机的压缩比越高，其发动机的热负荷和机械负荷越大，要求汽油机润滑油的质量等级越高。

② 根据发动机工作的环境温度选择汽油机润滑油的黏度等级。汽油机润滑油黏度等级的选用原则是根据发动机工作的环境温度来决定，冬季寒冷地区应选用黏度小的汽油机润滑油；夏季或全年气温较高的地区应选用黏度适当高一些的汽油机润滑油。

汽油机润滑油使用注意事项

◆一般等级较高的汽油机润滑油可代替等级较低的汽油机润滑油使用，但绝不能用等级低的汽油机润滑油代替等级高的汽油机润滑油，否则会导致发动机早期磨损和损坏。

◆应注意使用汽油机润滑油的地区或季节的变化，及时换用适宜黏度级别的汽油机润滑油。使用中应尽量选用合成油。不同黏度等级的汽油机润滑油不能混用。

◆应结合使用条件按周期更换汽油机润滑油。换油时应在较高温度下进行，并将废油放净，同时必须注意严防水分、杂质混入发动机内。

2. 齿轮油

1　齿轮油的牌号

目前国内的齿轮油标准参照API（美国石油学会）标准，分为普通齿轮油（GL-3）、中负荷齿轮油（GL-4）、重负荷齿轮油（GL-5）3种。不同品牌的齿轮油如图2-9所示。

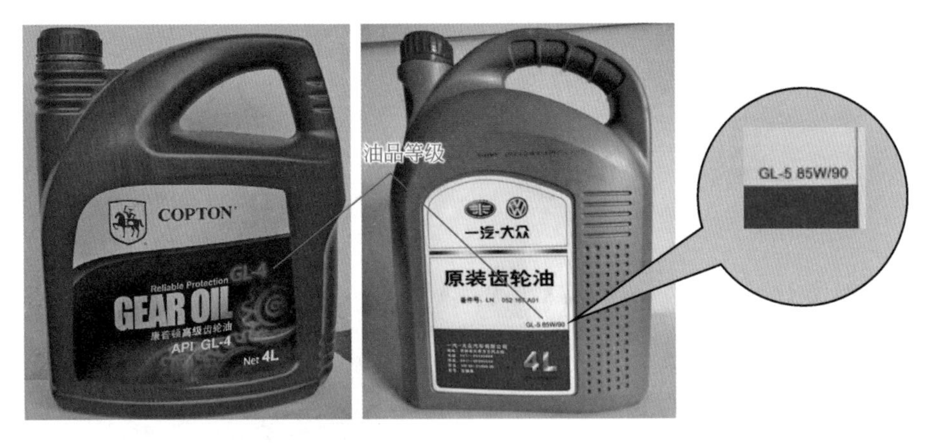

图2-9　不同品牌的齿轮油

齿轮油的黏度等级，通常采用美国工程学会（SAE）的标准指数，它由一组数字或一组数字和字母W组成，字母W代表冬季用齿轮油，纯数字代表夏季用齿轮油，齿轮油一般分为70W、75W、80W、90、140。此外，还有一种类型如标注85W/90，这种齿轮油为四季用油，兼容冬夏季的气温特点。

2　齿轮油的选用

1）根据齿轮的工作环境选用使用等级

① 通常，进口轿车、中外合资生产的轿车，驱动桥齿轮接触压力在3000MPa以上，滑动速度超过10m/s，油温达120～130℃，工作条件十分苛刻，必须使用重负荷齿轮油（GL-5）。

② 对于国产轿车，驱动桥齿轮接触压力在3000MPa以下，滑动速度为1.5～8m/s，因工作条件不太苛刻，应选用中负荷齿轮油（GL-4）。

③ 对于弧齿锥齿轮，因齿轮接触压力和滑动速度较低，可选用普通齿轮油（GL-3）。

2）根据季节、气温选用黏度等级　通常长江流域及其他冬季气温不低于-10℃的地区，全年可使用90号齿轮油；长城以北冬季气温不低于-26℃的寒区，全年可用80W/90号齿轮油；冬季最低气温在-26℃以下的严寒区，冬季应使用75W号齿轮油，夏季应换用90号齿轮油；其他地区全年可用85W/90号齿轮油。

齿轮油使用注意事项

◆等级高的齿轮油可以用于要求较低的车辆上，但绝不能将等级低的齿轮油用于要求高的车辆上，否则会使齿轮产生严重的磨损和损坏。

◆在保证润滑的前提下，应选用黏度等级较低的齿轮油；尽可能选用多级齿轮油，以避免季节换油造成的浪费。

◆应结合使用条件按周期更换齿轮油。换油时应将废油放净，同时必须注意严防水分混入，以免极压抗磨添加剂失效。

3.润滑脂

如图2-10所示，润滑脂由天然脂肪酸锂皂稠化低凝点润滑油，并加抗氧剂和防锈剂制成。汽车专用润滑脂的特点是滴点高（180℃），使用温度范围广，可以在-30～120℃范围内长期使用，而且还具有良好的胶体安定性、抗水性和防锈性。它广泛用于汽车轴承及各摩擦部位。

图2-10　润滑脂

润滑脂使用注意事项

◆不同种类的润滑脂不得混用，否则易使润滑脂变软和胶体安定性下降。换用新鲜润滑脂时，须将原润滑脂擦净，否则将加速新鲜润滑脂氧化变质。

◆润滑脂一次加入量不要过多，否则会使运转阻力增加，工作温度升高。

◆一般情况下，润滑脂与润滑油不能混用。

4.制动液

制动液俗称“刹车油”，常用的制动液有DOT3、DOT4两种。DOT是美国汽车安全标准规定的标称，其后的数字越大，级别越高。DOT3与DOT4的不同之处主要在于沸点不同，DOT4比DOT3更耐高温。但目前大部分车辆使用的是DOT3制动液，如图2-11所示。

图2-11　制动液

制动液使用注意事项

◆制动液不能混合使用，以防止混合后分层而失去作用。若换用其他制动液，应彻底清洗制动系统。

◆应保持制动液清洁，防止水分、矿物油和机械杂质混入。

◆制动液多以有机溶剂制成，易挥发、易燃，应密封保存并注意防火。

◆制动液的更换周期一般是2年。

5.发动机冷却液

发动机冷却液也称防冻液、水箱宝，它的主要功能为保护发动机正常良好运行，在发动机内循环，起到防冻、防沸、防锈、防腐蚀等效果，大多数发动机冷却液的颜色为红色或绿色。如图2-12所示，发动机冷却液的牌号一般为其冰点值，一般情况下其冰点应选择在比当地冬季最低气温低10℃左右为宜。

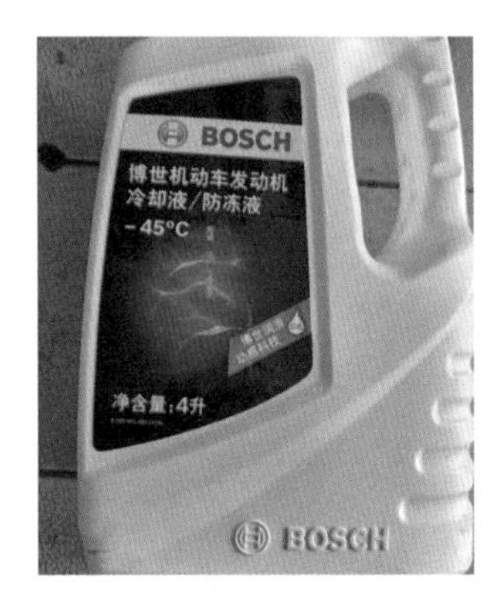

图2-12 发动机冷却液

发动机冷却液使用注意事项

◆发动机冷却液的选择要区别发动机的类型、性能的强化程度和冷却系统材料的种类，除了保证发动机冷却液能降温、防冻外，还要考虑防沸、防腐蚀和防水垢等功能。

◆要注意区别是浓缩液还是已调配好的发动机冷却液。

◆若采用浓缩液，应根据产品说明书规定的比例，用蒸馏水或去离子水渗兑，不能使用河水、井水及自来水。

6.自动变速器油

自动变速器油（Automatic Transmission Fluid，ATF）是专门用于自动变速器的油液，如图2-13所示。自动变速器油的种类较多，目前使用的自动变速器油主要有DEXRON、DEXRON-Ⅱ、DEXRON-Ⅲ等型号，越往后质量等级越高。

图2-13 自动变速器油

自动变速器油使用注意事项

◆自动变速器油一般正常行驶情况每120000km更换一次，恶劣行驶情况每60000km更换一次。

◆尽量选用原厂的ATF。不能错用、混用自动变速器油。

◆按照汽车保养手册上规定使用相同型号的ATF，禁止用其他型号的ATF替代。

◆应按汽车使用说明书的规定期限，及时更换自动变速器油过滤器或清洗滤网，同时拆洗自动变速器油底壳，并更换密封垫。

7.冷冻机油

空调系统中有相对运动的零件，因此空调系统中必须保持一定量的冷冻润滑油，也称冷冻机油（图2-14）。制冷剂在制冷工作循环时，蒸发温度可能低至-30℃，一般冷冻机油无法保持良好的润滑作用，故必须选用高级冷冻机油。冷冻机油的性能要求包括以下几个方面。

① 冷冻机油的凝固点要低，在低温下具有良好的流动性。

② 冷冻机油应具有一定的黏度，且受温度的影响要小。

③ 冷冻机油与制冷剂的溶解性能要好。

④ 冷冻机油的闪点温度要高，具有较高的热稳定性，即在高温下不氧化、不分解、不结胶、不积炭。

⑤ 冷冻机油应不易挥发。

⑥ 冷冻机油的化学性质要稳定。

⑦ 冷冻机油应无水分。

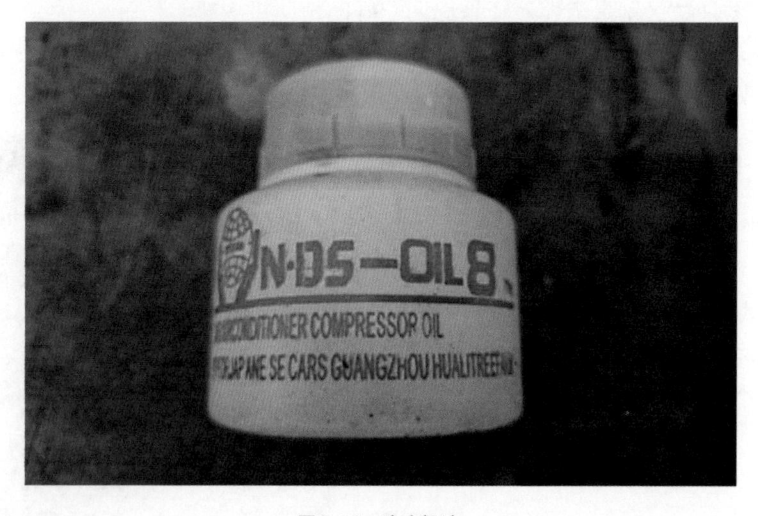

图2-14　冷冻机油

二、发动机机油

1. 排放发动机机油

① 打开机油加注口盖，拉起机油尺。

② 将车辆支撑到举升机规定的位置，然后安全地举升起车辆到合适位置，确认举升机锁止可靠。

③ 拆下发动机底板。

④ 将废油收集器放到发动机油底壳下部，然后慢慢拧开放油螺栓，排放发动机机油（图2-15）。

注意：不要让放油螺栓掉进容器里，也不要触摸排出的油，以免烫伤。

图2-15 排放发动机机油

⑤ 使用机油滤清器扳手将机油滤清器拧松，然后用手将其拧下。

注意：如果机油滤清器依然很热，一定要戴上手套。

⑥ 清洁机油滤清器底座，然后在新的机油滤清器边沿涂抹新机油，将其旋入机油滤清器底座上。最后使用机油滤清器专用套筒和扭力扳手转动机油滤清器，将其拧紧至规定力矩。

⑦ 更换放油螺栓密封圈。

⑧ 待油液完全排空后，安装放油螺栓并拧紧，清洁油底壳上的机油。

⑨ 收起废油收集器。

⑩ 降下车辆。

2. 加注发动机机油

① 如图2-16所示，将0W-20发动机机油加到发动机中，根据维修手册以及实际情况，给车辆添加4L机油。

图2-16　加注发动机机油

② 等待1min后，检查机油油位是否符合要求，如不符合要求则继续加注机油。

③ 启动发动机，使发动机运行。

④ 检查仪表上的机油指示灯是否点亮。

⑤ 举升车辆，检查油底壳放油螺栓及机油滤清器是否漏油。

⑥ 降下车辆，将发动机室清洁干净。

三、冷却液

1. 检查冷却系统是否泄漏

① 检查冷却液液位是否在FULL与LOW之间。

② 检查储液罐是否损坏。

③ 启动发动机，检查仪表中水温是否报警、水温是否过高。

④ 检查冷却风扇工作是否正常，关闭发动机。

⑤ 检查散热器是否损坏、漏水。

⑥ 检查冷却液软管是否老化、漏水。

⑦ 检查气缸垫是否漏水。

2. 更换冷却液

① 打开冷却液储液罐盖。
② 举升车辆至合适的高度。
③ 旋出散热器排放塞，排放冷却液（图2-17）。

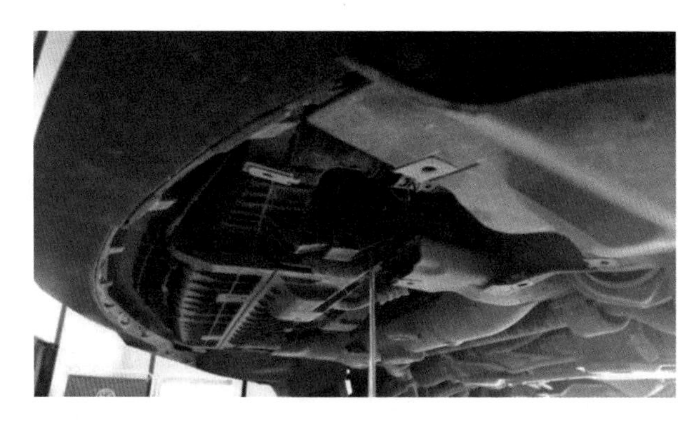

图2-17　排放冷却液

④ 排干净冷却液后拧紧排放塞。
⑤ 降下车辆。
⑥ 加注冷却液并对冷却系统进行排空气。
⑦ 排放空气后，将冷却液添加至MAX与MIN之间（图2-18）。
⑧ 盖上冷却液储液罐盖。

图2-18　添加冷却液

四、制动液

1.检查制动液

① 如图2-19所示，检查制动液储液罐上的液面，制动液液位是否在MAX和MIN之间。如果制动液液位低于MIN标记处，应首先检查制动管路是否泄漏，如有泄漏则必须进行维修。

图2-19　检查制动液液位

② 如果无泄漏，则拧开制动液储液罐盖子，补充制动液至MAX和MIN之间。

2.更换制动液

① 清洁储液罐盖上的灰尘。

② 取下储液罐盖及过滤网。

③ 抽空储液罐中的制动液，并加注新的制动液，加满为止。

④ 车内人员踩制动踏板数次，然后踩住制动踏板，车外人员将透明软管连接到放气螺栓上，旋松放气螺栓，排出制动液。重复排空5～6次，直到制动液中无气泡为止，最后旋紧放气螺栓（图2-20），并且注意将周围环境打扫干净。

⑤ 按右后轮、左后轮、右前轮、左前轮的顺序进行换液及制动系统放气。

⑥ 加注制动液至MAX和MIN之间。

⑦ 盖上储液罐盖。

图2-20 放气螺栓

五、转向助力油

1.检查转向助力油

① 打开转向助力油储油罐盖。

② 检查转向助力油储油罐上的上、下限标线，如果转向助力油油位低于下限标记，应补充转向助力油。

③ 此外，可以拧开转向助力油储油罐盖子，盖子里面有一个油面刻度尺，根据刻度来检查转向助力油油位（图2-21），如果油位过低，应补充转向助力油。

图2-21 检查转向助力油油位

2. 更换转向助力油

① 清洁转向助力油储油罐外表及油管接头的油迹、灰尘。

② 举升车辆到合适位置。

③ 打开转向助力油储油罐盖。

④ 用抽油器从储油罐中抽出转向助力油。

⑤ 用鲤鱼钳拆下储油罐上的出油软管卡箍。

⑥ 用手指或塞子堵住储油罐的接口，将回油软管一端放入容器中。

⑦ 启动发动机并使发动机以怠速运转，同时由助手向储油罐中添加转向助力油。

⑧ 将转向盘左右来回转到底，并不断地向储油罐内倒入转向助力油（注意不能等储油罐内无油时再倒入，以防混入空气），同时观察透明的容器流出的转向助力油的色泽，直到转向助力油的颜色变得透红（与新的转向助力油颜色相同）时，立即关闭发动机。

注意：转动转向盘时不得将转向盘转到底后保持不动，因为转向盘转到底后保持不动将导致系统压力过高、过热，并损坏转向油泵和转向机。

⑨ 安装好储油罐的回流管，再将转向助力油加注到规定范围为止。

⑩ 启动发动机，确保管路无渗漏。

六、玻璃水

1. 检查玻璃水

① 打开发动机舱盖。

② 检查玻璃水储液罐中的玻璃水液位标线，它应在“MAX”和“MIN”之间。如果储液罐外没有液位标线，可以用纸巾或布擦容器的顶部和盖，然后水平握住标尺，查看液位位置。

③ 如果玻璃水恰好位于或低于“MIN”标线，应补充玻璃水。

2. 添加玻璃水

添加玻璃水的方法很简单，只需要打开玻璃水储液罐盖，加入适量的玻璃水（图2-22）。气候不同，所用的玻璃水也有所不同。目前，市场上的玻璃水主要有以下3种类型。

① 仅适用于夏天用的玻璃水。

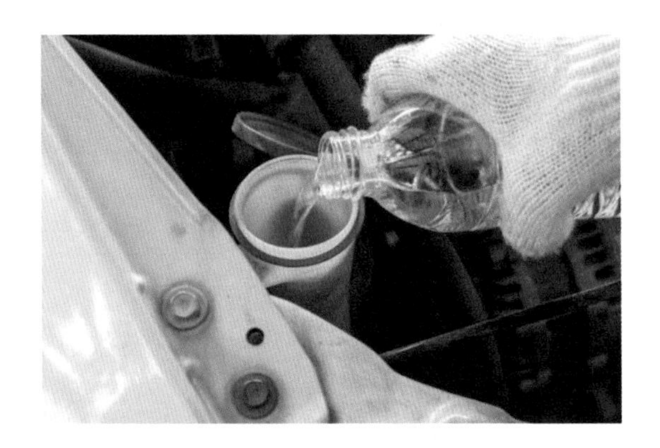

图2-22　添加玻璃水

②仅适用于冬天用的玻璃水，它具有防冻功能。

③冬夏均适用的玻璃水，称为特效防冻型玻璃水。

七、自动变速器油

1.排空自动变速器油

①安全举升车辆到合适的高度。

②拆卸发动机下护板。

③将废油收集器放到变速器下部。

④用棘轮扳手及套筒拧松变速器放油螺栓，用手旋出变速器放油螺栓，排放自动变速器油，如图2-23所示。

⑤待旧油液完全排空后，安装放油螺栓并拧紧。

图2-23　排空自动变速器油

⑥ 使用化油器清洗剂将放油螺栓附近的油迹清理干净。

⑦ 将废油收集器放回原位。

2. 加注自动变速器油

① 用手拔出变速器油尺。

② 将加油漏斗放在变速器油尺导管口。

③ 将推荐的自动变速器油加注至上限标记与下限标记之间。加注时不得超过上限标记。

④ 将自动变速器油尺插入自动变速器油尺导管上，使槽口与导向锥对齐。

⑤ 检查自动变速器油位。如需要，补充自动变速器油。

八、手动变速器油

1. 排放手动变速器油

① 安全举升车辆到合适的高度。

② 拆卸发动机下护板。

③ 将废油收集器放到变速器下部。

④ 拆卸变速器放油螺栓，用手旋出变速器放油螺栓，排放手动变速器油。

⑤ 待旧油液完全排空后，安装放油螺栓并拧紧。

⑥ 使用化油器清洗剂将放油螺栓附近的油迹清理干净。

⑦ 将废油收集器放回原位。

2. 加注手动变速器油

① 找到加油螺塞（在变速器的中部或上部），然后将它拆下。

② 打开发动机盖，把软管从发动机舱插进加油口就可以加油（图 2-24），直至加油口有油溢出来，再把加油螺塞装紧。

九、驱动桥齿轮油

1. 排放驱动桥齿轮油

① 安全举升汽车，找到驱动桥齿轮油的加注孔螺塞位置。

图2-24 加注手动变速器油

② 找到驱动桥齿轮油的放油螺塞位置。

③ 使用内六角扳手拆卸驱动桥齿轮油的加注孔螺塞。

④ 使用内六角扳手拆松放油螺塞，如果放油螺塞过紧，则增加加力杆进行拆卸。

⑤ 拧出放油螺塞，排放驱动桥齿轮油（图2-25）。

⑥ 待驱动桥齿轮油排放干净后，擦净放油螺塞并将其牢固地拧回驱动桥壳上。

图2-25 排放驱动桥齿轮油

2.加注驱动桥齿轮油

① 在加注孔中插入加油枪或加油管。

② 将驱动桥齿轮油倒入齿轮油加注器中，然后按压驱动桥齿轮油加注器的手柄加注驱动桥齿轮油（图2-26），直到驱动桥齿轮油从加注孔向外溢出为止。

③ 安装好加注孔螺塞。

④ 使用化油器清洗剂将放油螺栓及加注孔螺塞附近的油迹清理干净。

图2-26　加注驱动桥齿轮油

汽车易损件的检查与更换

一、汽车易损件概述

易损件，顾名思义就是指汽车零件中最容易受损及消耗的部件。一般来说，易损件主要包括离合器摩擦片、制动摩擦片、制动盘、制动鼓、轮胎、车窗玻璃、灯泡（图2-27）、雨刮片、熔丝（图2-28）、蓄电池、排气管、减振器、悬架控制臂胶套、转向横拉杆、防尘套、球头、发动机机脚胶等。还有一些消耗件，如火花塞、机油滤清器、汽油滤清器、空气滤清器、空调滤清器、传动带、正时皮带等。

图2-27　灯泡

图2-28　熔丝

二、机油滤清器

1. 检查机油滤清器

目视检查机油滤清器是否损坏，是否漏油。如果有损坏或者漏油情况，均应更换新的机油滤清器。

2. 更换机油滤清器

① 使用机油滤清器扳手拆卸机油滤清器，如图2-29所示。

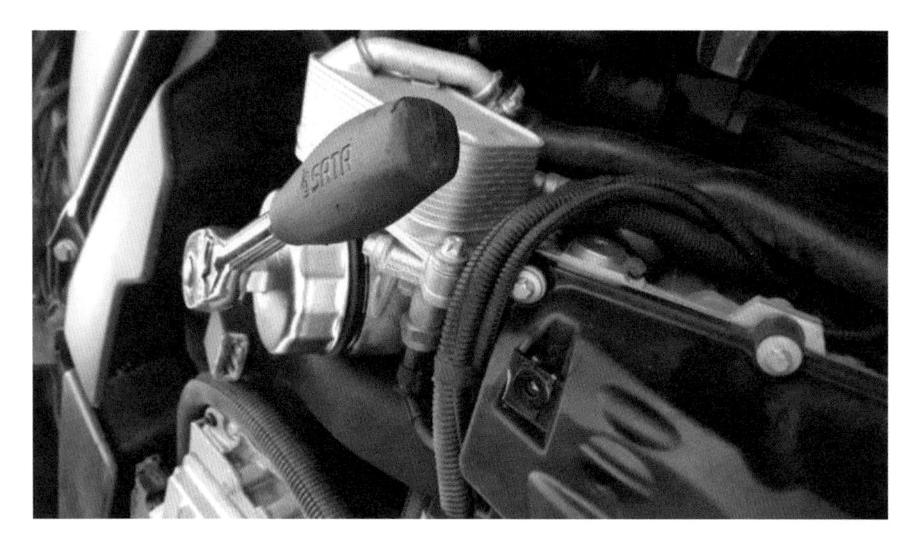

图2-29　拆卸机油滤清器

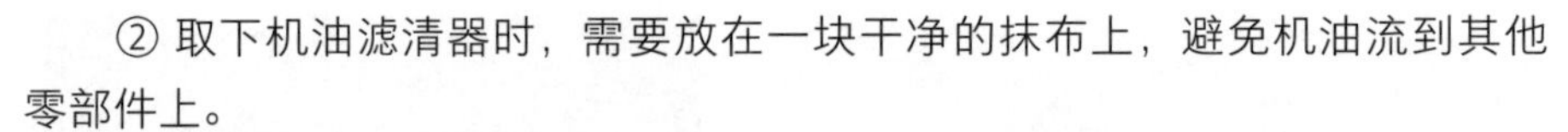

② 取下机油滤清器时，需要放在一块干净的抹布上，避免机油流到其他零部件上。

③ 在新的机油滤清器密封圈上涂抹一层机油，然后将机油滤清器安装到机油滤清器座上。

④ 使用机油滤清器扳手拧紧机油滤清器，标准力矩为25N・m。

三、燃油滤清器

燃油滤清器的主要功能是滤除燃油中的杂质，使供给发动机燃烧的燃油更纯净。

1. 检查燃油滤清器

目视检查燃油滤清器是否损坏，接头是否漏油。如果接头处出现漏油，需要对燃油管进行检查，必要时可更换燃油管。

2. 更换燃油滤清器

燃油滤清器的安装位置主要有2种：一种是安装在底盘上的燃油滤清器，称外置式燃油滤清器；另一种是集成于燃油泵总成中的燃油滤清器，称内置式燃油滤清器。

1 燃油系统泄压

① 启动发动机，并在发动机运转中取下燃油泵继电器或拔下燃油泵熔丝。

② 发动机自动熄火后，接通起动机开关，启动发动机运转2～3次，将燃油压力全部泄出。

③ 断开点火开关，装回燃油泵继电器或燃油泵熔丝。

2 更换外置式燃油滤清器

① 进行燃油系统泄压。

② 拆除外置式燃油滤清器一端的管路，然后安装到新的外置式燃油滤清器上，如图2-30所示。同时将它们放置在一个容器内，避免汽油洒在地面上引起火灾。

③ 拆除另一段并把管路接到新的外置式燃油滤清器上。

④ 最后上紧外置式燃油滤清器卡箍并将其复位。

图2-30　更换外置式燃油滤清器

注意：安装新的燃油滤清器时要注意燃油滤清器上指示的箭头，要由燃油箱流向发动机。

3　更换内置式燃油滤清器

① 更换内置式燃油滤清器之前，首先要准备一个与原车同型号的内置式燃油滤清器和一个拆装内置式燃油滤清器的专用工具。

② 确定关闭点火开关。

③ 拆开内置式燃油滤清器总成盖板及燃油泵的插头。

④ 拆下燃油管路，此时要注意燃油会从燃油管内流出，应使用干净的抹布将其吸干净。

⑤ 使用专用工具拧松锁紧螺母。

⑥ 拆下锁紧螺母并取出内置式燃油滤清器总成。

⑦ 确保新的内置式燃油滤清器与旧的内置式燃油滤清器要一致。

⑧ 从旧的内置式燃油滤清器上拆下燃油泵及燃油压力调节器，然后将它们按照相反的顺序安装到新的内置式燃油滤清器上，如图2-31所示。其他部件的安装与拆卸的顺序相反。

注意：如果燃油泵上的滤网过脏应清洗干净。

⑨ 小心地将新的内置式燃油滤清器总成放置到燃油箱内，如图2-32所示。

⑩ 调整好新的内置式燃油滤清器总成并与燃油箱上的标记对齐，然后用专用工具拧紧锁紧螺母。

⑪ 按照相反的顺序连接好内置式燃油滤清器上的燃油管快速接头及燃油泵插接器，如图2-33所示。

图2-31　更换内置式燃油滤清器

图2-32　将新的内置式燃油滤清器总成放置到燃油箱内

图2-33　安装燃油管快速接头及燃油泵插接器

⑫ 打开点火开关至ON（Ⅱ）（但不运行发动机）。燃油泵运转大约2s时，燃油压力会升高。重复这一过程3次或4次，然后检查燃油供给系统是否泄漏。因为安装不好会出现发动机供油不足。

⑬ 一切正常后，将内置式燃油滤清器总成盖板及后排坐垫重新安装好。

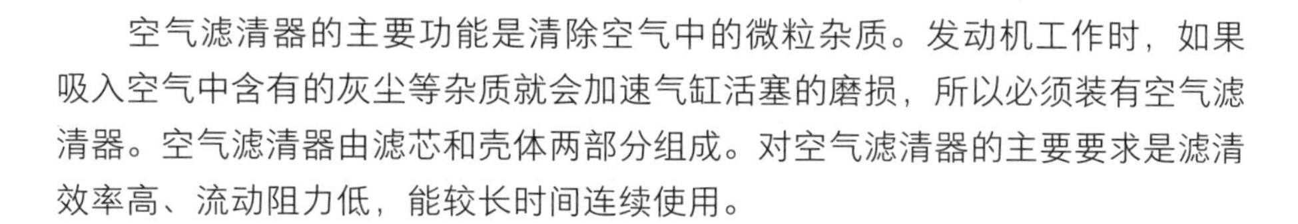

四、空气滤清器

空气滤清器的主要功能是清除空气中的微粒杂质。发动机工作时，如果吸入空气中含有的灰尘等杂质就会加速气缸活塞的磨损，所以必须装有空气滤清器。空气滤清器由滤芯和壳体两部分组成。对空气滤清器的主要要求是滤清效率高、流动阻力低，能较长时间连续使用。

1. 检查空气滤清器

检查空气滤清器是否损坏，滤芯是否脏污堵塞。

2. 更换空气滤清器

① 拆卸空气滤清器连接管路。
② 拆卸空气滤清器上盖的固定螺栓。
③ 取下空气滤清器上盖。
④ 取出空气滤清器。
⑤ 安装新的空气滤清器，如图2-34所示。

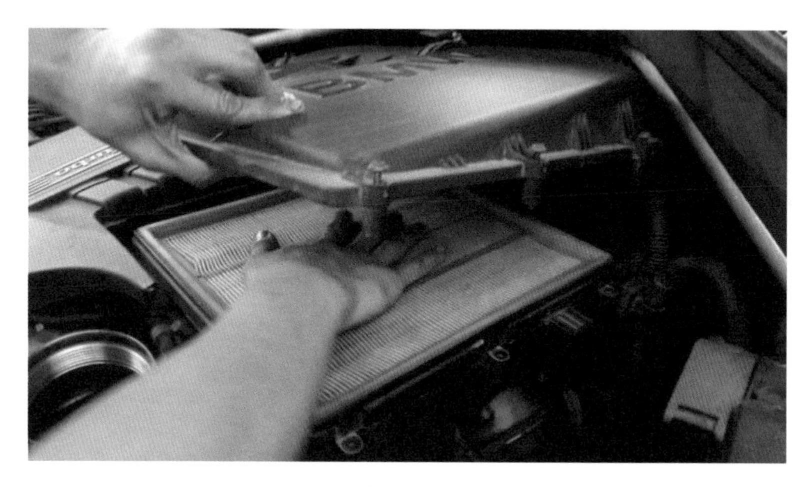

图2-34 安装新的空气滤清器

⑥ 安装空气滤清器上盖及固定螺栓，如图2-35所示。

⑦ 安装空气滤清器连接管路。

图2-35　安装固定螺栓

五、空调滤清器

空调滤清器的作用就是过滤从外界进入车厢内部的空气，使空气的洁净度提高。一般的过滤物质是指空气中所包含的杂质，如微小颗粒物、花粉、细菌、工业废气和灰尘等。空调滤清器可防止这类物质进入空调系统，给车内乘用人员提供良好的空气环境，保护车内人员的身体健康。

1. 检查空调滤清器

检查空调滤清器是否损坏，滤芯是否脏污堵塞。

2. 更换空调滤清器

① 拆卸杂物箱盖。

② 拆卸空调滤清器盖。

③ 取出空调滤清器。

④ 装上新的空调滤清器，如图2-36所示。

⑤ 安装空调滤清器盖。

⑥ 安装杂物箱盖。

图2-36　更换空调滤清器

六、点火线圈

点火线圈的作用是将低压电转变为15000～40000V的高压电，以满足火花塞跳火需要。

1.检查点火线圈

① 检查点火线圈胶套是否硬化。
② 检查点火线圈胶套是否漏电，是否破损。
③ 检查点火线圈胶套中心弹簧是否缺失。

2.更换点火线圈

① 分离点火线圈线束固定卡扣。
② 拆卸发动机装饰盖。
③ 用手拔出点火线圈线束插接器。
④ 用扳手拧松点火线圈固定螺栓，取下固定螺栓。
⑤ 拆卸点火线圈，如图2-37所示。
⑥ 将新的点火线圈安装到发动机上。

图2-37　拆卸点火线圈

⑦ 将点火线圈固定螺栓拧紧。
⑧ 连接点火线圈插接器。
⑨ 安装发动机装饰盖。
⑩ 安装点火线圈线束固定卡扣。

七、火花塞

火花塞的作用是将点火线圈所产生的脉冲高压电引进燃烧室，利用电极产生的电火花点燃混合气，完成燃烧。

1.检查火花塞

火花塞的电极正常颜色为灰白色，如电极烧黑并附有积炭，则说明存在故障。检查时可将火花塞与缸体导通，用中央高压线触接火花塞的接线柱，然后打开点火开关，观察高压电跳位置。如高压电跳位置在火花塞间隙，则说明火花塞作用良好；否则，需要更换新的火花塞。

各种车型的火花塞间隙均有差异，一般应为0.7～0.9mm。检查间隙大小，可用火花塞量规或薄的金属片进行。如果间隙过大，可用螺钉旋具柄轻轻敲打外电极，使间隙符合要求；间隙过小时，则可利用金属片插入电极向外扳动使火花塞间隙正常。

2.更换火花塞

① 首先拆下点火线圈，然后用火花塞专用套筒拧松火花塞。

② 使用磁棒将火花塞吸出。

③ 选择原厂推荐的火花塞，然后将其放入火花塞孔内（图2-38）。

④ 将火花塞按照规定力矩（一般为25N·m）拧紧，避免用力过大将火花塞拧坏，严重时需要更换气缸盖。

图2-38　更换火花塞

汽车部件的清洁与保养

一、清洁节气门

节气门是控制空气进入发动机的一道可控阀门，它位于节气门体上。气体进入进气歧管后和汽油混合变成可燃混合气，从而在发动机内燃烧形成做功。汽车每行驶30000～40000km应清洗一次节气门。除了出现怠速不稳时需要清洗节气门外，未出现故障前也可以同正常维护一样，进行定期清洗，如果所在的使用环境比较恶劣，尘土较多，建议每行驶20000km清洗一次。

①从发动机上拆下节气门体，操作过程最好戴手套，避免弄伤手。此外，在拆卸节气门体之前，应确保发动机处于冷态，避免操作时烫伤手。

②在节气门上喷上化油器清洗剂，然后小心地进行刷洗（图2-39），直到节气门的积炭及脏污去除为止。条件允许的情况下，建议使用刷子进行刷洗，这样清洗更加彻底。

图2-39 刷洗节气门

③再次使用抹布擦拭干净节气门。

注意

◆清洁节气门时要防止清洁剂进入节气门的电动机内。

◆清洁时要防止清洁剂飞溅到人体造成安全事故。

◆安装节气门体后一定要对节气门进行匹配，否则可能会出现发动机怠速不稳的故障。

④按照相反的顺序安装节气门体，如有必要应使用检测仪对节气门体进行匹配。

二、清洁喷油器

喷油器的功用是根据发动机控制单元（ECM）提供的信号，控制喷油时间或喷油量，它主要由滤网、线束插接器、电磁线圈、回位弹簧、衔铁和针阀等组成，针阀与轴针制成一体。当喷油器的电磁线圈通电时，产生吸力，针阀被吸起，打开喷孔，燃油经过针阀头部的轴针与喷孔之间环形间隙高速喷出，形成雾状，利于燃烧充分。

① 从发动机上拆下喷油器导轨总成，然后将喷油器从喷油器导轨上拆下（图2–40）。

注意

◆释放燃油压力，然后拆下发动机罩。

◆拆下燃油管路快速接头，拆卸时一只手握住接头，另一只手压下固定座锁片，以使其从止锁片上脱开，然后拉出接头。

◆断开快速接头后，检查其是否脏污或损坏。

◆拆下燃油导轨总成紧固螺母，然后断开喷油器插接器即可拆下喷油器导轨总成。

② 使用化油器清洗剂将喷油器喷洗一遍。

③ 用压缩风枪将喷油器吹干净。

④ 用专用连接器连接化油器清洗剂罐和喷油器，然后用两根导线将喷油器插接器连接好（图2–41）。

图2–40 拆下喷油器

图2–41 连接专用连接器

⑤ 在喷油器间断通电的情况下，让化油器清洗剂清洗喷油器（图2–42），同时观察其喷射雾化情况，如果喷油器没有工作，则需要更换新的喷油器。

⑥ 使用化油器清洗剂将喷油器导轨喷洗一遍。

⑦ 如图2–43所示，使用压缩风枪将喷油器导轨吹干净，然后按照相反的顺序将喷油器安装到喷油器导轨上，最后将喷油器导轨总成安装到发动机上。

图2–42 清洗喷油器

图2–43 吹干净喷油器导轨

注意

◆安装燃油管路快速接头时，将快速接头与管路对正，并使固定座锁片与接头凹槽对齐。然后，将快速接头压到管路上，直到两个固定座锁片随着“咔嗒”一声锁住为止。

◆如果连接有困难，可以在管路端部涂抹少量的新发动机机油。

三、清除燃烧室积炭

由于发动机气缸都是先喷油再点火，当熄灭发动机的一瞬间，点火被马上切断，但是这次工作所喷出的汽油却无法回收，只能贴附在进气门和燃烧室壁上。汽油是很容易挥发的，但是汽油中的蜡和胶质却留了下来，长此以往汽油中的蜡和胶质会越积越厚，反复受热后变硬就形成了积炭。

1.积炭的危害

1　爆燃　当发动机吸入混合气后，在压缩行程还未到达设计的点火位置，正常点火之外的因素却导致混合气提前点燃，此时，燃烧所产生的巨大冲击力与活塞运动的方向相反，引起发动机振动，称为“爆燃”。由于积炭严重时气缸实际体积变小，压缩比增加，同时在高温环境下积炭由于散热能力差会一直燃烧，这时吸入混合气提前被积炭点燃，产生爆燃。

2　加剧磨损　由于燃烧室的积炭过多，发动机在工作中受到振动及气流的影响，燃烧室的部分积炭容易脱落，一部分被排气带走，另一部分却被黏附在缸壁上，当活塞高速移动时，这些积炭粉尘就会加剧缸壁与活塞的磨损，直接影响发动机的寿命。

3　冷启动困难　燃烧室积炭过多会造成冷启动困难，冷启动时喷油嘴喷出的燃油会被积炭大量吸收，导致冷启动时的混合气过稀，使得启动困难。当发动机启动后由于气门上积炭已沾满油，所以会释放过浓的黑烟。此时发动机很不稳定，转速快慢不均，踩加速踏板发动机无力，发动机极易熄火。

4　动力下降　发动机排量是指发动机各缸工作容积的总和，排量是较为重要的结构参数，它能全面衡量发动机的大小。发动机的性能指标和排量密切相关，一般来说排量越大，功率也就越高。如果燃烧室内形成了大量的积炭，缸内的容积就会变小，同样排量也会变小，直接降低了发动机的功率，造成行驶无力，油耗偏高。

2.清洁积炭

① 预热发动机达到正常温度。

② 依次拆下火花塞。

③ 如图2-44所示，向每缸注入一支燃烧室积炭清洗剂，静置10～20min。

图2-44 注入燃烧室积炭清洗剂

④ 用吸收性的抹布将火花塞口遮盖，启动起动机5s，以便松动后的积炭排出。

⑤ 装上火花塞及所有的部件。

⑥ 启动发动机怠速运转1min，然后以2000～3000r/min运转2～3min，以便将积炭彻底排出。

四、清除进气歧管积炭

进气歧管指的是节气门体之后到气缸盖进气道之前的进气管路。它的作用是将空气、燃油混合气由节气门体分配到各缸进气道。

① 拆下进气歧管相关附件，然后取下进气歧管。

② 用一字螺钉旋具将进气歧管内的积炭刮一遍，然后拆下进气隔板。

③ 如图2-45所示，使用化油器清洗剂将进气歧管内的积炭彻底清洗干净。

④ 用一字螺钉旋具将气门座内的积炭刮一遍。

⑤ 如图2-46所示，用喷油器清洗剂将气门座内的积炭清洗干净。

图2-45　清洗进气歧管

图2-46　清洗气门座

⑥ 用干净的棉抹布将气门座擦拭干净。

⑦ 将进气隔板的积炭刮洗干净。

⑧ 如图2-47所示，将进气隔板在进气歧管内重新安装好。

⑨ 按照相反的顺序安装好进气歧管，然后启动发动机，确保发动机工作正常。

图2-47　安装好进气隔板

五、免拆清洗三元催化器

三元催化器是安装在汽车排气系统中最重要的净化装置，它可将汽车尾气中的CO（一氧化碳）、HC（碳氢化合物）和NO_x（氮氧化合物）等有害气体通过氧化和还原作用转变为无害的二氧化碳、水和氮气。

如图2-48所示，清洗三元催化器时清洗液通过进气真空管吸入发动机，通过燃烧室、排气管到达三元催化器，在一定温度下，与三元催化器表面的覆盖物发生化学反应，以达到清洁目的。清洁步骤如下。

① 启动发动机，待发动机温度正常后熄灭发动机。

② 将清洗液倒入专用设备内，将设备输出接头与真空管连接。

③ 启动发动机，将发动机转速控制在2000r/min左右，打开流量控制阀，将清洗液缓慢滴入进气道。清洗时间为30～40min。

④ 清洗完毕后保持发动机运转3～5min。

图2-48 免拆清洗三元催化器

六、免拆清洗燃油系统

免拆清洗燃油系统就是在不拆卸喷油器、燃油分配管、燃油滤清器、各油管接头、进气歧管、进气门等供油系统和进气系统各部件的前提下，清除燃油系统中的胶质和积炭等积垢，从而恢复燃油系统功能，避免因人为拆卸而损坏喷油器及各接头密封圈，防止因燃油泄漏而引发火灾。

① 首先对燃油系统进行泄压操作，然后将燃油进油管从发动机的连接点上拆下。

注意：拆卸燃油管路之前必须进行泄压操作。

② 用一根软管将从燃油泵来的进油管连接好，另一端放到燃油箱加注口内；选择合适接头将燃油分配管与发动机燃油系统吊瓶免拆清洗仪出油管连接好，如图2-49所示。

图2-49 安装燃油分配管

③ 加入适量的燃油系统清洗剂，然后调整好吊瓶免拆清洗仪的燃油压力和空气压力，如图2-50所示。

图2-50 调整好吊瓶免拆清洗仪的燃油压力和空气压力

④ 启动发动机，将转速保持在1500r/min左右，同时可急加速几次。清洗完后发动机自动熄火，断开气源，卸掉吊瓶免拆清洗仪油管，装回发动机进油管。

⑤ 启动发动机，确保油管接头无泄漏。

汽车制动器的检查与保养

一、前制动片

制动片一般由钢板、粘接隔热层和摩擦块构成，钢板要经过涂装来防锈。其中隔热层是由不传热的材料组成的，目的是隔热。摩擦块由摩擦材料、黏合剂组成，制动时被挤压在制动盘或制动鼓上产生摩擦，从而达到车辆减速制动的目的。由于摩擦作用，摩擦块会逐渐被磨损，一般来讲成本越低的制动片磨损得越快。

1.检查前制动片

1 检查前制动片厚度　用直尺测量前制动片厚度，标准厚度为12.0mm，最小厚度1.6mm。如果前制动片小于最小厚度，则更换前制动片。

2 检查前制动片支撑板　确保前制动片支撑板有足够的弹性，没有变形、裂纹或磨损，并清除所有的锈迹和污垢。如有必要，更换前制动片支撑板。

2.更换前制动片

① 首先举升起车辆，然后拆下前轮。

② 拆卸制动钳卡销紧固螺栓。

③ 小心地打开制动钳，然后从卡钳支架上取下前制动片。

④ 将卡钳支架及卡钳彻底清理干净，然后给新前制动片背面规定的位置添加润滑脂，最后将其按原位安装到卡钳支架上。

⑤ 用专用的工具将制动器卡钳活塞压缩，如图2-51所示。

图2-51 压缩制动器卡钳活塞

⑥ 将卡钳安装就位，然后安装制动钳卡销紧固螺栓。

⑦ 清洁制动盘与车轮内侧的配合表面，然后安装前轮。

⑧ 踩踏制动踏板数次，以确保制动器工作正常，如有必要，应添加制动液。

⑨ 进行安装后，检查软管和管路接头或连接处是否漏油。如有必要，应重新拧紧。

二、后制动片

1.检查后制动片

① 检查后制动片厚度　用直尺测量后制动片厚度，标准厚度为12.0mm，最小厚度1.6mm。如果后制动片小于最小厚度，则更换后制动片。

② 检查后制动片支撑板　确保后制动片支撑板有足够的弹性，没有变形、裂纹或磨损，并清除所有的锈迹和污垢。如有必要，更换后制动片支撑板。

2. 更换后制动片

① 首先举升起车辆，然后拆下后轮。

② 拆卸制动钳卡销紧固的2个螺栓。

③ 小心地取下制动钳，然后从卡钳支架上取下后制动片，如图2-52所示。

④ 将卡钳支架及卡钳彻底清理干净，然后给新后制动片背面规定的位置添加润滑脂，最后将其按原位安装到卡钳支架上。

图2-52 拆卸后制动片

⑤ 用专用的工具将制动器卡钳活塞压缩。

⑥ 将卡钳安装就位，然后安装制动钳卡销紧固螺栓。

⑦ 清洁制动盘与车轮内侧的配合表面，然后安装后轮。

⑧ 踩踏制动踏板数次，以确保制动器工作正常，如有必要，应添加制动液。

⑨ 进行安装后，检查软管和管路接头或连接处是否漏油。如有必要，应重新拧紧。

三、制动主缸

制动主缸属于单向作用活塞式液压缸，它的作用是将踏板机构输入的机械能转换成液压能。制动主缸分单腔式和双腔式2种，分别用于单回路和双回路液压制动系统。

为了提高汽车行驶安全性，现在汽车的行车制动系统都采用了双回路制动系统，也就是采用串列双腔主缸组成的双回路液压制动系统。

1. 检查制动主缸

制动主缸一般常见的故障主要表现为制动无力、制动跑偏、制动抖动、制动吱吱响、制动失灵、制动不回位等，检查以下部位有无损坏或漏油迹象。

① 储液罐、储液罐接头或制动主缸体。

② 管路、储液罐软管和橡胶护圈及其接头。

③ 制动主缸与助力器之间等部位。

2.更换制动主缸

① 拆下储液罐盖，然后使用抽油器将制动液从储液罐中抽干净。

② 断开制动液液位开关插头。

③ 从制动主缸上断开制动管路。为防止溅洒，使用擦布或维修用布将软管接头包好。

④ 拆下制动总泵装配螺母和垫圈。

⑤ 如图2-53所示，从制动助力器上拆下制动主缸。拆下制动主缸时应小心，不要弯曲或损坏制动管路。

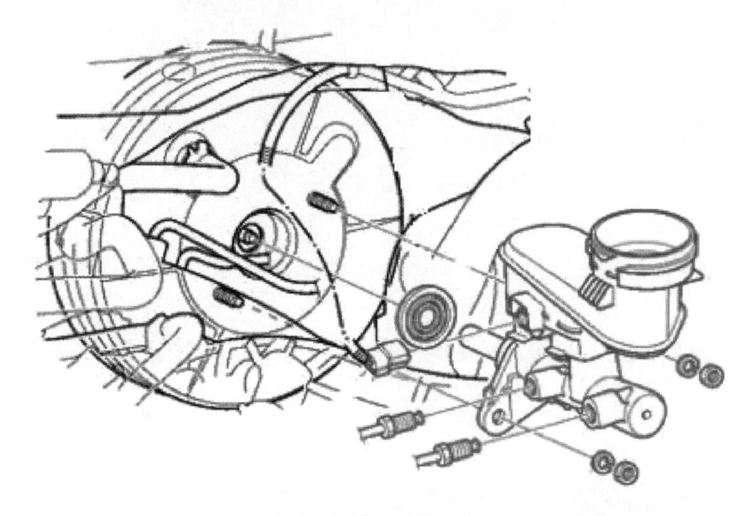

图2-53　拆下制动主缸

⑥ 从制动主缸上拆下连杆油封。

注意：安装时，将一个新连杆油封安装在制动主缸上，槽侧面（H）朝向制动主缸。

⑦ 按照与拆卸相反的顺序安装制动主缸。

注意

◆在制动主缸套件中连杆油封的内孔唇及外圈上涂抹推荐的硅润滑脂。

◆涂抹硅润滑脂时，确保不要沾染插头与周围开关的端子部分。同时，不要使用粘有硅润滑脂的手或手套触摸开关与插头端子部分。

◆安装制动主缸后，检查制动踏板的高度及自由行程，如有必要，可调节制动踏板的自由行程。

⑧ 安装制动管路及储液罐。

⑨ 排空制动系统。

四、制动盘

制动器是制动系统中用以产生阻碍车辆运动或运动趋势的制动力的部件。对于汽车制动器，除各种缓速装置以外，几乎都是利用固定元件与旋转元件工作表面的摩擦产生制动力矩的摩擦制动器。

制动盘在工作时不仅受到制动摩擦片施加的很大法向力和切向力，而且承受比制动鼓大得多的热负荷，其表面最高温度可达800℃，在高温作用下可能发生翘曲，从而导致产生摩擦噪声和刮伤。为了使制动盘有适当的热容量和良好的散热性能，必须对其结构和厚度给予充分的考虑。制动盘的结构分为实心型和通风型两种，后者可降温温度20%～30%。

1. 检查制动盘

① 目测检查制动盘是否有变形，是否有起槽。

② 检查制动盘厚度。使用千分尺，在制动盘外缘内10mm处，分为8个点，每个点之间大约为45°，检查制动盘厚度，如图2-54所示。如果最小测量值小于最大抛光限度，则应更换制动盘；如果在维修极限内（如凯美瑞轿车标准厚度为28.0mm，最小厚度为25.0mm），则进行修复。

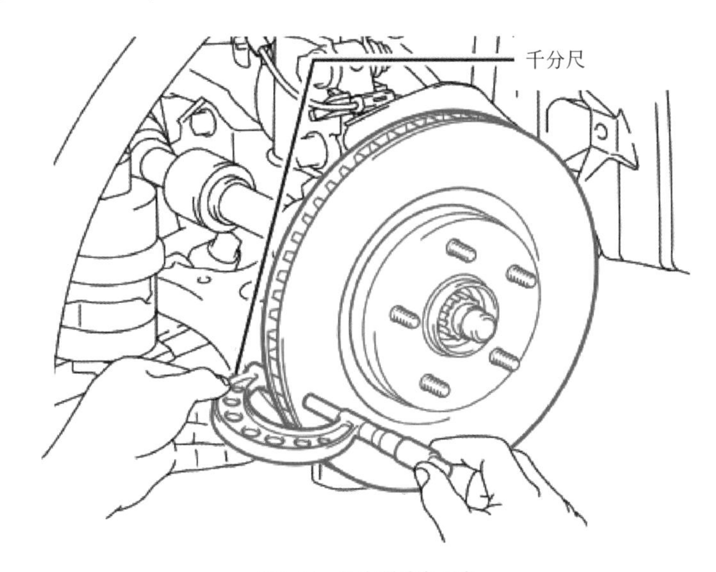

图2-54 检查制动盘厚度

③ 检查制动盘径向跳动。

◆使用专用工具固定制动盘，用3个轮毂螺母拧紧制动盘（图2-55）。扭

矩为103N・m。

注意：拧紧螺母的同时使用专用工具固定制动盘。

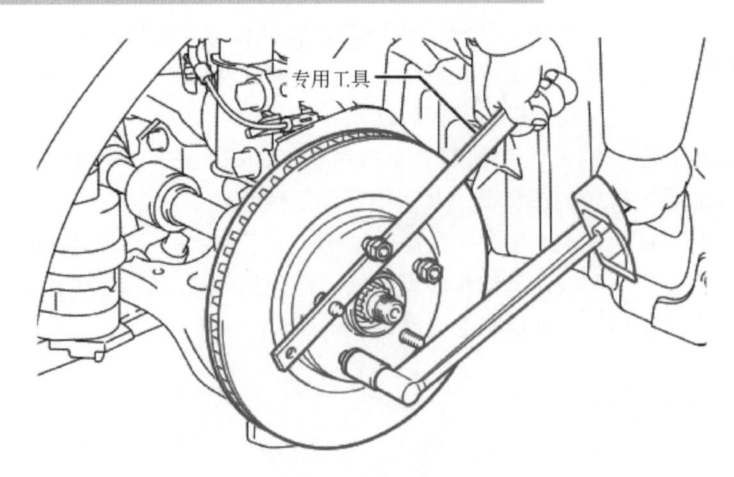

图2-55　固定制动盘

◆使用百分表在制动盘边缘距离外侧10mm的位置测量制动盘的径向跳动，如图2-56所示。制动盘最大径向跳动为0.05mm。如果制动盘径向跳动超过最大值，则改变制动盘和车桥安装位置以使制动盘径向跳动最小。如果安装位置改变后，制动盘的径向跳动还超过最大值，则应研磨制动盘。若制动盘厚度小于最小值，则更换制动盘。

◆拆卸3个轮毂螺母和制动盘。

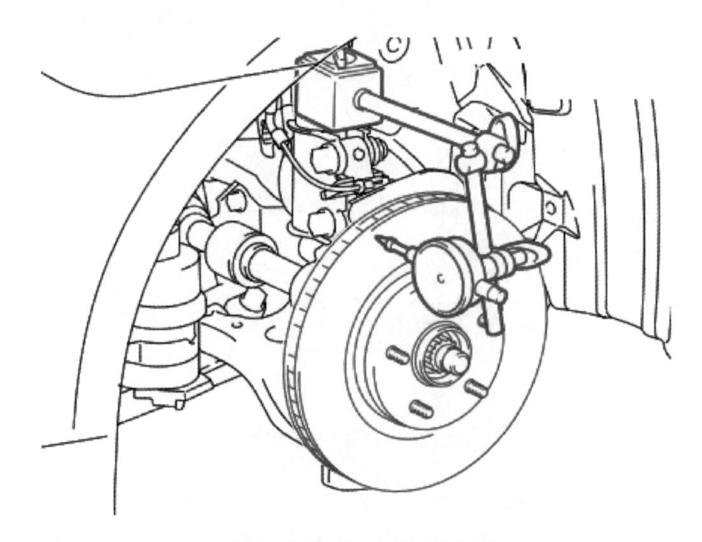

图2-56　测量制动盘的径向跳动

2. 更换制动盘

① 拆卸前轮。
② 拆卸制动器制动轮缸总成。
③ 拆卸制动片。
④ 拆卸制动片支撑板。
⑤ 拆卸 2 个螺栓和制动轮缸支架。
⑥ 如图 2-57 所示，拆卸制动盘。
注意：要在制动盘和车桥轮毂上标上配合标记。

图 2-57 拆卸制动盘

⑦ 对准配合标记，安装制动盘。
注意：在更换新制动盘时，应选择制动盘有最小跳动的安装位置。
⑧ 用 2 个螺栓将制动轮缸支架安装牢固。
⑨ 装上制动片支撑板。
⑩ 装上制动片及制动轮缸总成。
⑪ 安装前轮。

五、手制动

驻车制动也称为手制动，俗称手刹。它的作用就是在停车时，给汽车一个阻力，使汽车不溜车。驻车制动，即锁住传动轴或者后轮。驻车制动比行车制动的力小很多，只需保证在坡路停车不溜车即可。

1. 检查驻车制动

① 检查驻车制动拉杆行程。

◆用力拉住驻车制动拉杆。

◆松开驻车制动器锁，并将驻车制动拉杆放回到关闭位置。

◆缓慢地将驻车制动拉杆向上拉到极限，并计算出现咔嗒声的次数。拉杆锁定齿数为6～8齿。

② 松开驻车制动拉杆，举升车辆至车轮离地，两后车轮应能旋转自如，否则为制动拖滞。

③ 实施驻车制动，车辆后轮应被锁死不动，否则为驻车制动不灵活。

2.调整驻车制动

① 完全松开驻车制动拉杆。

② 拆下中心控制盘、控制盖及其他部件。

③ 如图2-58所示，通过松开或拧紧调整螺母来调整驻车制动器钢缆的长度来调整驻车制动器。

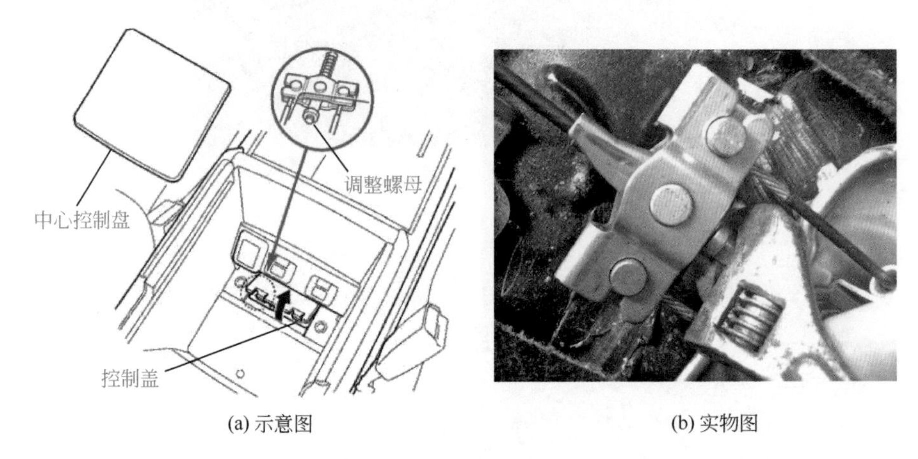

(a) 示意图　　(b) 实物图

图2-58　调整驻车制动器

④ 拧紧驻车制动调整螺母，直至后轮转动时驻车制动有些轻微卡滞。

⑤ 完全释放驻车制动拉杆，并检查确认转动后轮时驻车制动不发生卡滞。如有必要，则再次调整。

⑥ 确保驻车制动拉杆在规定齿数范围内（6～8齿）。

六、制动盘光磨修复

当制动盘有很明显的磨损不均匀或者磨损出一道道凹槽时，将会直接降

低制动片与制动盘之间的接触面，从而导致制动效果的大幅下降，也会造成各类异常现象的出现，譬如制动异响、行驶中有噪声、制动效果下降、制动抖动等一系列的故障。此时，如果制动盘厚度没有达到极限，可以使用光磨机修复制动盘，如图2-59所示。

图2-59　使用光磨机修复制动盘

具体的操作方法如下。

① 拆下制动卡钳、制动片及卡钳支架。拆下制动卡钳时要将制动卡钳绑在悬架上，主要目的是避免拉断制动轮缸软管。

② 按照一定的步骤安装好光磨机，按照光磨机的使用说明书进行安装。

③ 按顺时针方向调校车头的进刀（车尾部的销死轮）直至听到刀头与制动盘发生摩擦的声音。然后把刀头按顺时针方向小心地向前推进。设定进刀深度，开动自动退刀并将锁轮锁死即可自动完成制动盘光磨。

④ 制动盘光磨完成后拆下光磨机，按照与拆卸相反的顺序组装制动卡钳、摩擦片及卡钳支架。

chapter
three

第三章

汽车快修专业项目

汽车空调的检查与保养

一、制冷剂的检查

检查制冷剂量主要有通过视液镜检查和通过歧管压力表检查2种方法，具体如下。

1. 视液镜检查制冷剂量

启动发动机并打开A/C开关，将发动机转速稳定在1500～2000r/min，把空调功能键置于最大制冷状态，鼓风机置于最高转速，当空调系统工作5min后，通过视液镜进行观察（图3-1）制冷剂情况。具体判断如下。

图3-1 通过视液镜检查制冷剂量

① 当视液镜一片清晰，通风口有冷气吹出，在发动机转速提高或降低时，可能有少量气泡出现，关闭空调后随即出现气泡，然后逐渐消失，说明制冷剂量合适。

② 当视液镜中有少量气泡出现，或者每隔1～2s就可以看到气泡，说明制冷剂量不足，应查明泄漏部位并补充制冷剂至适量。

③ 当视液镜中一片清晰，通风口有冷气吹出，关闭A/C开关后15s内不出现气泡时，说明制冷剂过量，应排出一些制冷剂。

④ 当从视液镜看到很多气泡或者气泡消失，视液镜内呈油雾状或条纹状时，说明制冷剂严重不足或根本无制冷剂，应查明泄漏部位并加注制冷剂至适量。

⑤ 当视液镜中出现云堆状景象，说明干燥剂已经分散并随制冷剂流动，应及时更换储液罐/干燥器。

⑥ 当视液镜中偶尔出现气泡，并且膨胀阀结霜时，说明制冷系统中有水分，应抽真空后重新加注制冷剂。

⑦ 若视液镜中出现泡沫且很浑浊，说明制冷剂系统中加入冷冻油过多，应排出多余冷冻油。

2.歧管压力表检查制冷剂量

启动发动机，保持1500～2000r/min的转速，让压缩机工作，在30s内观察高低压表的读数，如图3-2所示。低压表应为150～250kPa，高压表应为1400～1600kPa。如果低压表和高压表的压力值都过低，说明制冷剂量不足，应补充制冷剂。

图3-2　用歧管压力表检查制冷剂量

二、冷凝器的检查与更换

冷凝器的作用就是完成制冷系统的热量交换。冷凝器是汽车空调中的散热装置，将压缩机压缩过程中制冷剂的热量发散到车外空气中，使压缩机出来的高温、高压气体变为中温、高压液体。

1. 检查冷凝器

① 检查冷凝器管道和散热片上有无污垢，如有污垢附在上面，制冷剂的制冷能力就会下降，同时制冷回路的高压管的压力会急剧上升，所以应及时清除。

② 检查散热片表面是否堵塞或损坏，若散热片表面堵塞，可用清水冲洗，再用压缩空气吹干；如果散热片弯曲变形，可用尖嘴钳校正。

③ 检查冷凝器管道和接头是否泄漏，如果出现泄漏，应予以修补或更换新件，修复后要进行泄漏检查。

2. 更换冷凝器

1　拆卸冷凝器

① 从制冷系统中回收制冷剂。

② 拆卸前保险杠总成。

③ 拆卸散热器上支架，如图3-3所示。

④ 拆卸发动机盖锁扣支架分总成。

图3-3　拆卸散热器上支架

⑤ 拆卸冷凝器螺栓并将空调管路总成从冷凝器上断开，如图 3-4 所示。

注意：用密封胶布将冷凝器及管路的接口封住，以防止水汽或杂质进入。

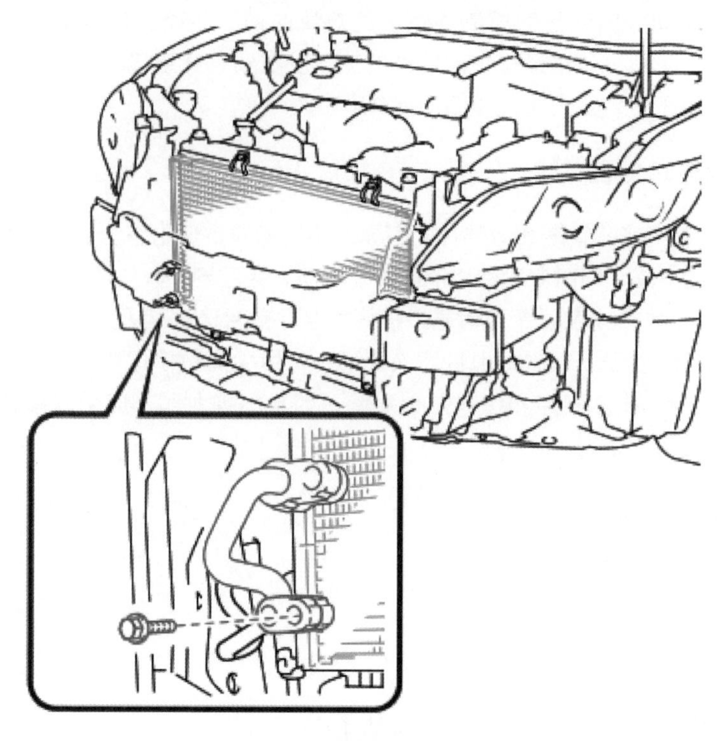

图 3-4　拆卸空调管路和附件

⑥ 拆下冷凝器总成，如图 3-5 所示。

2　安装冷凝器

① 安装冷却器冷凝器总成。

注意：如果更换新的冷凝器，则在新的冷凝器中添加冷冻机油。添加容量为 40mL 左右的冷冻机油，其型号为 ND-OIL8 的产品。

② 安装空调管路和附件。安装时在新 O 形圈和管接头的接合面涂抹充足的冷冻机油。

③ 安装发动机盖锁扣支架分总成。

④ 安装散热器上支架。

⑤ 安装前保险杠总成。

⑥ 加注制冷剂。

⑦ 检查制冷剂是否泄漏。

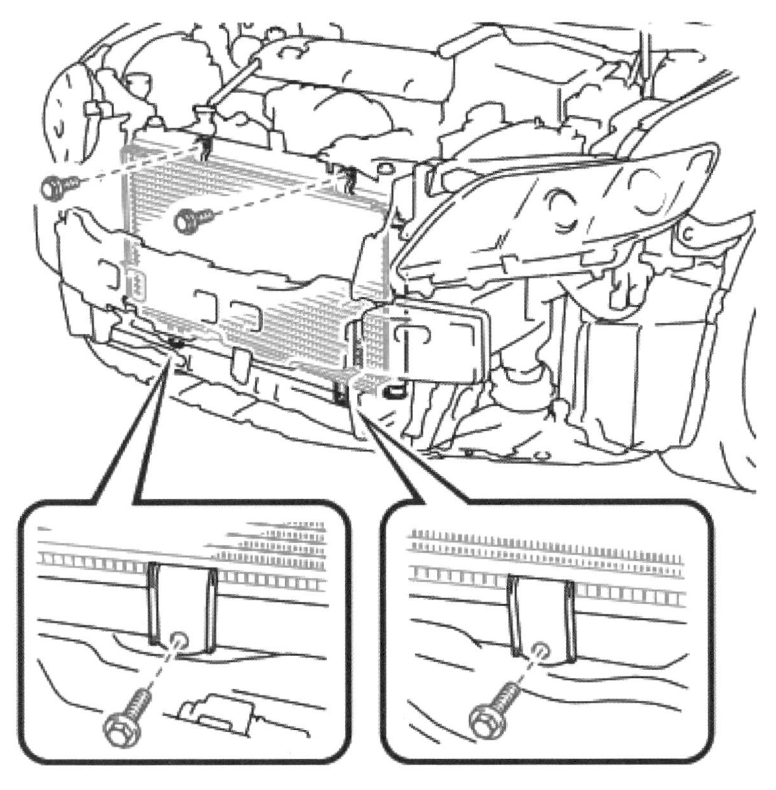

图3-5 拆下冷凝器总成

三、膨胀阀的检查与更换

1.膨胀阀的作用

膨胀阀安装在蒸发器入口处，主要有以下两方面作用。

1 节流 高温、高压的液态制冷剂经过膨胀阀的节流孔节流后，成为低温、低压的雾状液体制冷剂，为制冷剂的蒸发创造条件。

2 控制制冷剂的流量 进入蒸发器的液态制冷剂，经过蒸发器后，制冷剂由液态蒸发为气态，吸收热量，降低车内的温度。膨胀阀控制制冷剂的流量，保证蒸发器的出口完全为气态制冷剂，若流量过大，出口含有液态制冷剂，可能进入压缩机而产生液击；若制冷剂流量过小，提前蒸发完毕，会造成制冷剂不足。

2. 检查膨胀阀

1 就车检查膨胀阀

① 检查是否有较多的冰粒凝结在膨胀阀部位，如果有，则说明膨胀阀有冰堵现象，应拆下膨胀阀对其进行清洗或更换新的膨胀阀。

② 检查膨胀阀及接头是否有裂缝，如有制冷剂泄漏，则需要更换膨胀阀。

2 车下测试膨胀阀的泄漏

① 拆下膨胀阀时，应缓慢排出制冷剂并及时封住拆卸的管口。

② 如图3-6所示，将膨胀阀连同蒸发器一起安装，充入一定的压缩空气，然后将膨胀阀置于泡沫水中观察有无气泡产生，如果出现泄漏则会产生泡沫。

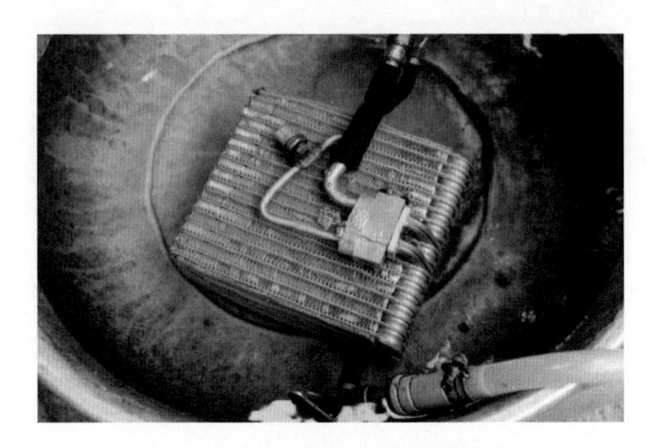

图3-6 测试膨胀阀的泄漏

3. 更换膨胀阀

① 拆下蒸发器芯子。

② 拆下绝缘件与螺栓，然后拆下膨胀阀与O形密封圈，如图3-7所示。

③ 按照与拆卸相反的顺序安装膨胀阀。

注意

◆安装之前，在每个接头部位更换新的O形密封圈，并涂抹一薄层冷冻机油。一定要使用适合R-134a的O形密封圈，以防泄漏。

◆冷冻机油用过之后，立即重新安装容器盖并进行密封，以免受潮。

◆不要将冷冻机油溅洒到车辆上，因为它会损坏漆层；如果冷冻机油溅洒到漆层上，应立即将其冲洗掉。

◆确保系统无泄漏。

◆对系统进行充注制冷剂。

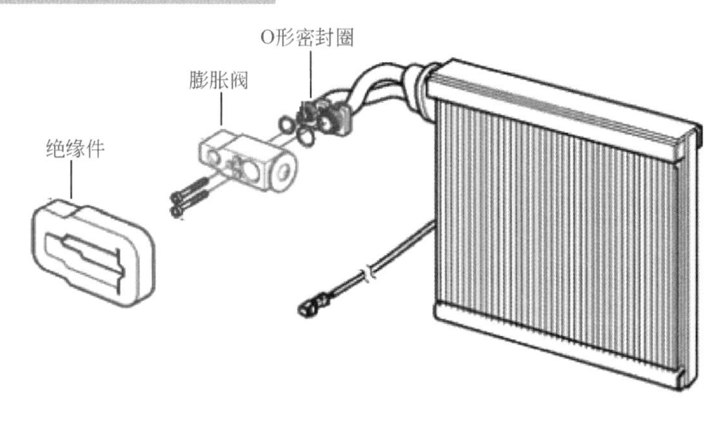

图3-7　更换膨胀阀

四、压缩机的检查与更换

1.压缩机的类型

压缩机的作用是将从蒸发器出来的低温、低压的气态制冷剂通过压缩转变为高温、高压的气态制冷剂,并将其送入冷凝器。根据压缩机工作原理的不同，可以分为定排量空调压缩机和变排量空调压缩机两大类。

1　定排量空调压缩机　定排量空调压缩机的排气量是随着发动机转速的提高而成比例提高的，它不能根据制冷负荷的大小自动改变排气量，而且对发动机油耗的影响比较大。它一般通过采集蒸发器出风口的温度信号进行控制，当温度达到设定的温度时，压缩机电磁离合器电路切断，压缩机停止工作。当温度升高后，电磁离合器电路接通，压缩机开始工作。定排量压缩机也受空调系统压力的控制，当管路内压力过低或过高以及发动机冷却液温度过高时，发动机ECU都会自动切断压缩机继电器控制信号（对压缩机起保护作用），使压缩机停止工作。

2　变排量空调压缩机　变排量空调压缩机可以根据设定的温度自动调节功率输出。空调控制系统不采集蒸发器出风口的温度信号，而是根据空调管路内压力的变化信号控制压缩机的压缩比来自动调节出风口温度。在制冷的全过程中，压缩机始终是工作的，制冷强度的调节完全依赖装在压缩机内部的压力调节阀来控制。当空调管路内高压端的压力过高时，压力调节阀缩短压缩机内活塞行程以减小压缩比，这样就会降低制冷强度。当高压端压力下降到一定程度，低压端压力上升到一定程度时，压力调节阀则增大活塞行程以提高制冷强度。

2. 检查压缩机

① 首先检查压缩机油封部位是否漏油，可用手触摸压缩机离合器与压缩机之间的部位，看是否有油污存在。

② 检查压缩机前盖凸出部位的O形密封圈是否脱出。

③ 检查压缩机缸盖周围是否出现油污。

④ 检查压缩机加油孔形环附近是否有油污。

⑤ 检查压缩机缸体是否有裂纹，在裂纹处往往有油污出现。

⑥ 检查压缩机各接头螺纹是否完好，螺纹磨损将会导致漏油。

⑦ 检查压缩机传动带，如传动带过紧、有裂纹、过度磨损则应更换。

3. 更换压缩机

① 从制冷系统中回收制冷剂。

② 拆下传动带。

③ 拆下冷凝器风扇护罩。

④ 断开压缩机离合器插头，然后拆下线束卡夹。

⑤ 从压缩机处断开入口软管和出口软管（图3-8）。

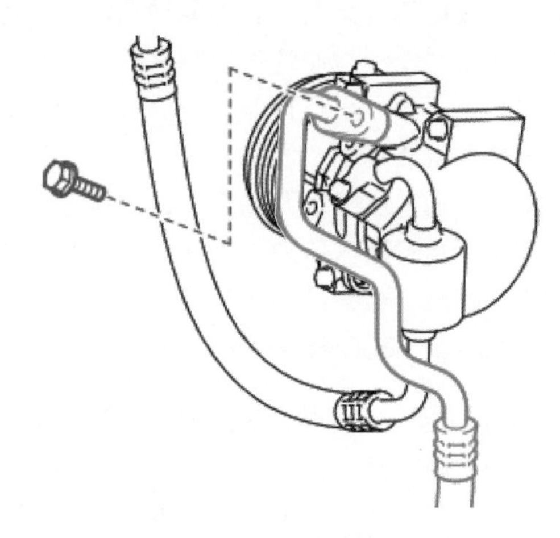

图3-8　拆卸压缩机软管

注意：断开这些软管后应立即用塞子或盖子堵住管路以防受潮和灰尘污染。

⑥ 如图3-9所示，拆下4个压缩机装配螺栓，然后取下压缩机。在拆卸压缩机时不要损坏散热器。

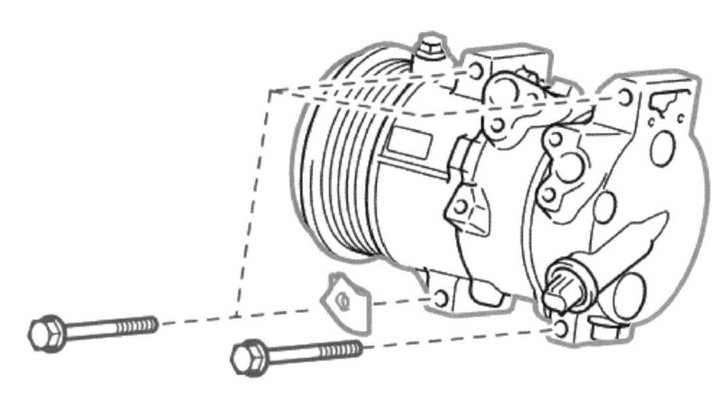

图3-9　拆卸压缩机装配螺栓

⑦ 用4个螺栓安装好压缩机，如图3-10所示。

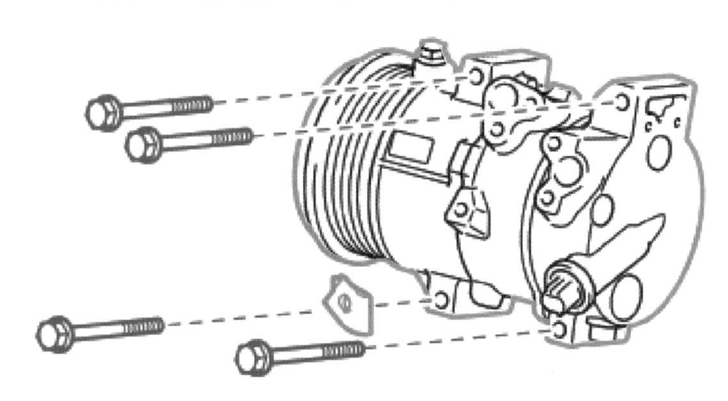

图3-10　安装压缩机

⑧ 在新O形密封圈和压缩机接口处充分涂抹一层冷冻机油，然后将入口软管和出口软管安装好。

⑨ 安装压缩机离合器插接器，然后装好线束卡夹。

⑩ 安装冷凝器风扇护罩。

⑪ 安装传动带。

⑫ 加注制冷剂。

⑬ 检查制冷剂是否泄漏。

五、压缩机离合器的检查与更换

1.压缩机离合器的检查

① 检查电枢板是否褪色、脱皮或有其他损坏，如果损坏，则更换离合器组件。

② 如图3-11所示，用手转动转子带轮，检查转子带轮轴承是否存在间隙和阻力。如果有噪声或间隙/阻力过大，则更换新的离合器组件。

③ 如图3-12所示，用塞尺测量转子带轮与电枢板周围各点之间的间隙。如果间隙不在规定极限内，则拆下电枢板，并按照需要添加或取下垫片，以增大或减小间隙。标准值应为0.3～0.6mm，如果间隙不在规定极限内，则拆下电枢板，用不同厚度的垫片（垫片分为0.1mm、0.2mm、0.4mm、0.5mm四种）调整到标准值。

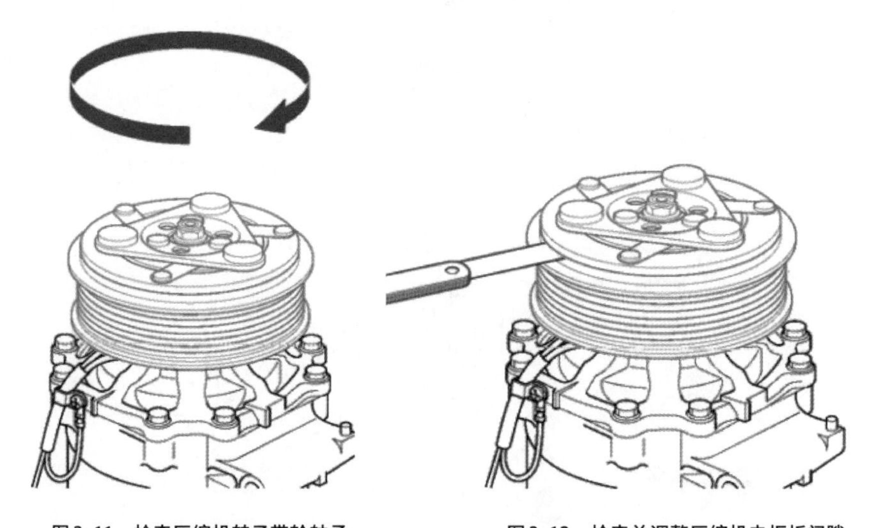

图3-11 检查压缩机转子带轮轴承　　图3-12 检查并调整压缩机电枢板间隙

④ 如图3-13所示，用万用表电阻挡测量压缩机励磁线圈电阻值，应为（3.7±0.2）Ω。若励磁线圈电阻值小于3.5Ω，则为短路；若电阻值为∞，则为断路，应更换压缩机励磁线圈。

2.压缩机离合器的更换

① 使用压缩机离合器固定器固定电枢板，拆下中心螺母，如图3-14所示。

② 拆下电枢板和垫片，小心不要丢失垫片。如果需要调节压缩机离合器，则按照需要增加或减少垫片的数量和厚度，然后重新安装电枢板，并重新检查其间隙。

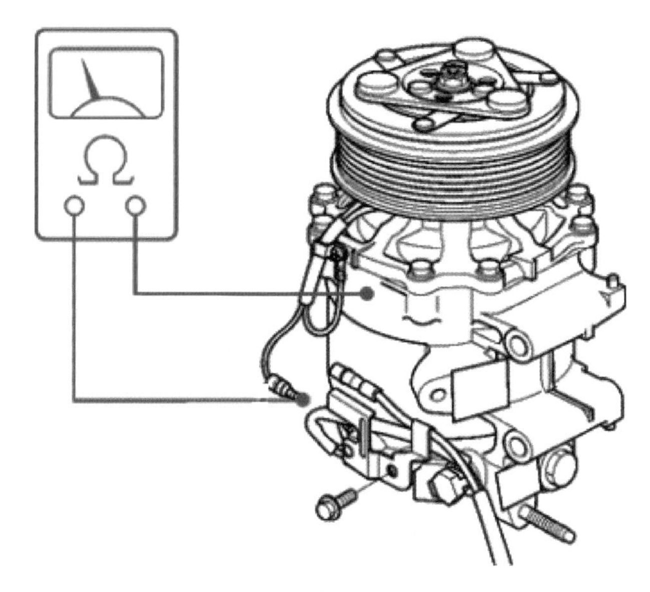

图 3-13　测量压缩机励磁线圈电阻

③ 如果更换励磁线圈，则使用弹簧卡环钳拆下弹簧卡环，然后拆下转子带轮，如图 3-15 所示。不要损坏转子带轮及压缩机。

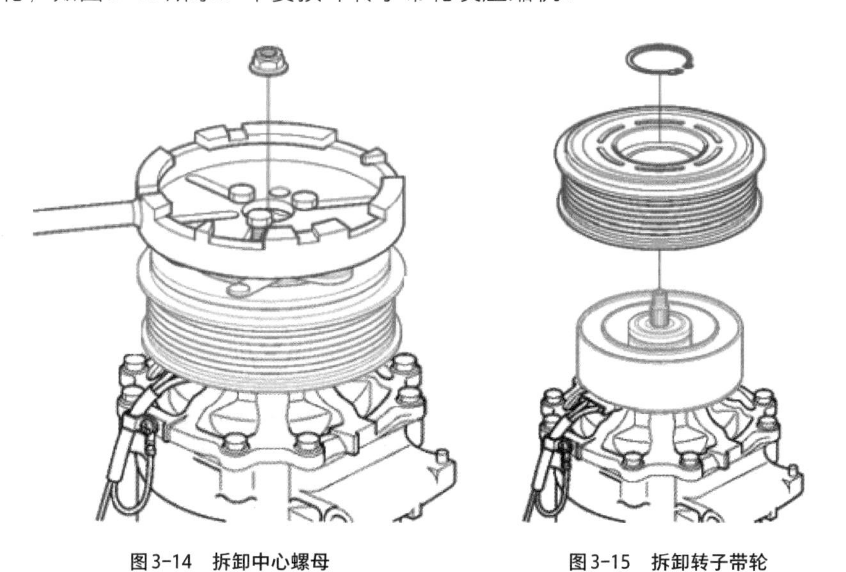

图 3-14　拆卸中心螺母　　　　图 3-15　拆卸转子带轮

④ 如图 3-16 所示，拆下励磁线圈线束固定螺栓和固定器，然后断开励磁线圈插头。使用弹簧卡环钳拆下弹簧卡环，然后拆下励磁线圈。不要损坏励磁线圈和压缩机。

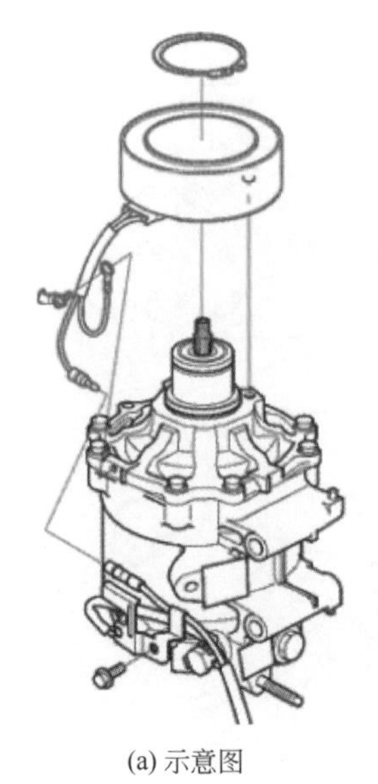
(a) 示意图

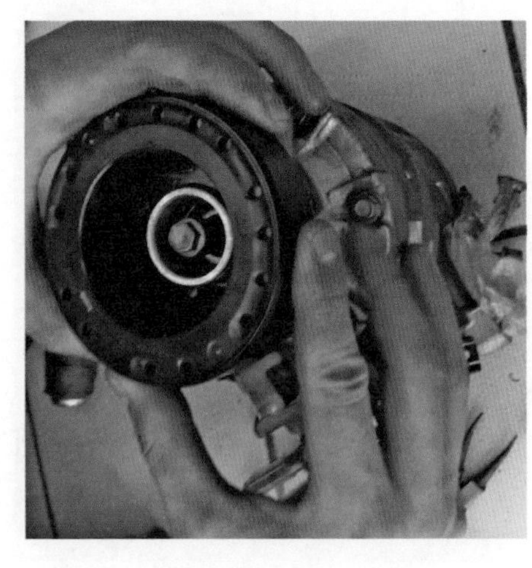
(b) 实物图

图 3-16　拆卸励磁线圈

⑤ 将新的励磁线圈装入压缩机体的转子中，然后使用卡簧钳安装好励磁线圈弹簧卡环，要注意安装方向，并确定其完全嵌入凹槽内，如图 3-17 所示。安装励磁线圈时要使其导线侧朝下，并且将励磁线圈的突起部分与压缩机体上的孔对正。

图 3-17　安装励磁线圈

⑥ 如图 3-18 所示，安装压缩机电磁离合器组件，按照与拆卸相反的顺序进行。装配后应测量电枢盘与带轮间的间隙是否在标准值内，否则应用不同厚度的垫片进行调整。

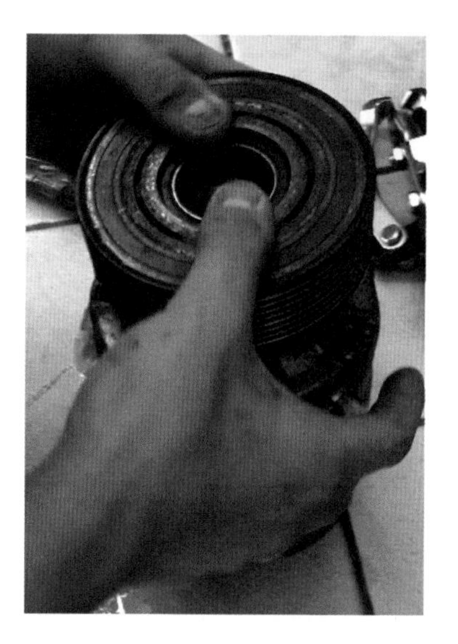

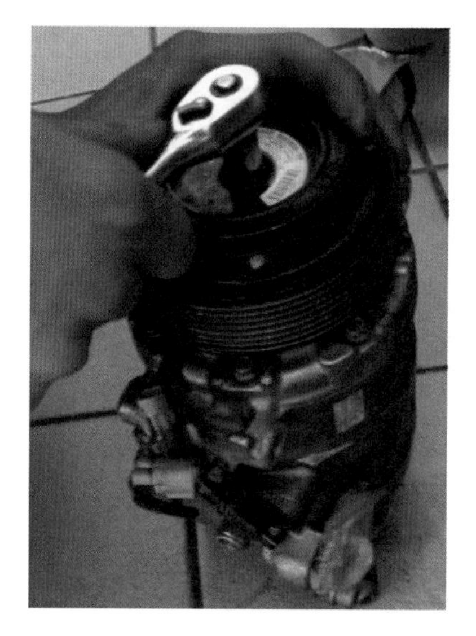

图3-18　安装压缩机电磁离合器组件

六、空调压力开关的检查与更换

压力开关（也称压力传感器）在空调自动控制系统中无处不在，安装在汽车空调制冷剂循环管路中，检测制冷循环系统的压力，当压力异常时启动相应的保护电路，防止造成空调系统的损坏。常见的压力开关主要有高压开关、低压开关、双重压力开关和三重压力开关等。

汽车空调在使用中出现冷凝器堵塞、冷却风扇不转或制冷剂过量等不正常状况时，系统压力会过高，过高的压力将会损坏系统元件。

1. 空调压力开关的检查

① 安装歧管压力表。

② 将3个1.5V干电池的正极（+）引线连接到压力开关端子3上，负极（-）引线连接到端子1上。

③ 将万用表的正极（+）引线连接到压力开关端子2上，负极（-）引线连接到端子1上，测量压力开关的电压。

④ 电压根据图3-19所示制冷剂压力的变化而变化。如果电压不符合规定，则应更换压力开关。

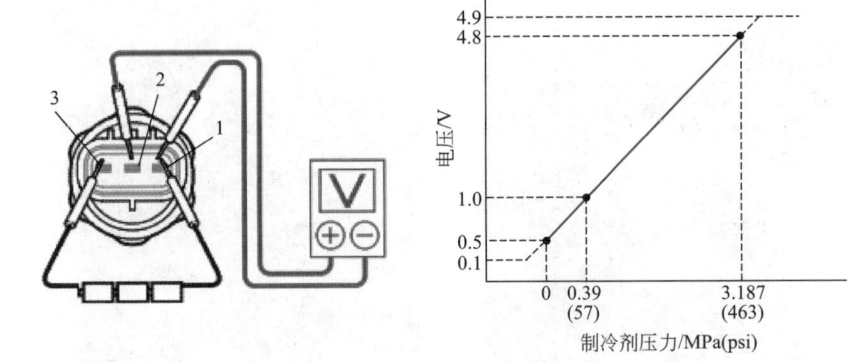

图 3-19　空调压力开关的检查

2. 空调压力开关的更换

① 拔下空调压力开关插接器。

② 用扳手拧松空调压力开关。

③ 用手拧出空调压力开关。

④ 更换空调压力开关密封圈。

⑤ 在新的密封圈上涂抹一层冷冻机油。

⑥ 装上新的空调压力开关。

⑦ 用扳手拧紧空调压力开关。

⑧ 连接空调压力开关插接器（图 3-20）。

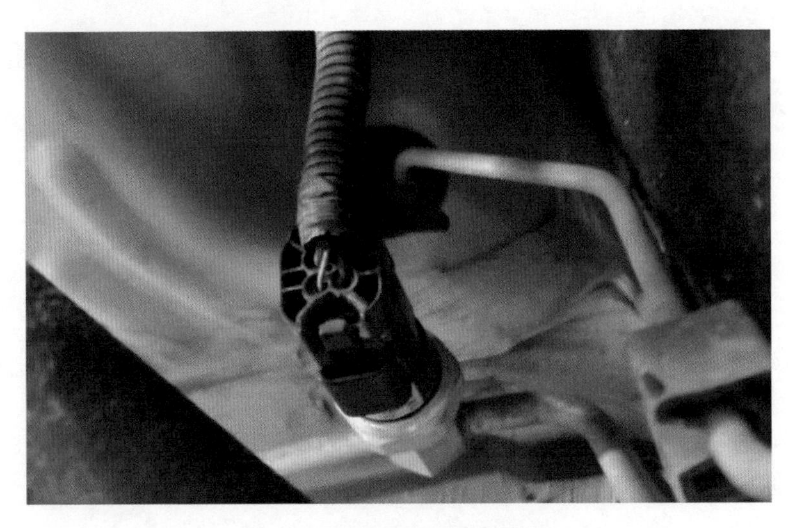

图 3-20　连接空调压力开关插接器

七、空调系统排空

① 首先将歧管压力表连接到空调高压、低压阀上。

② 准备一个盛有水的容器，然后将黄色软管插入盛有水的容器中。

③ 如图3-21所示，缓慢打开低压手动阀来排放制冷剂（其目的是防止压缩机油跟随制冷剂一起排出），最后缓慢打开高压手动阀即可排干净制冷剂。

注意：手拿盛有水的容器可能会被冻伤，在黄色软管够长的情况下最好将其放在地面上。

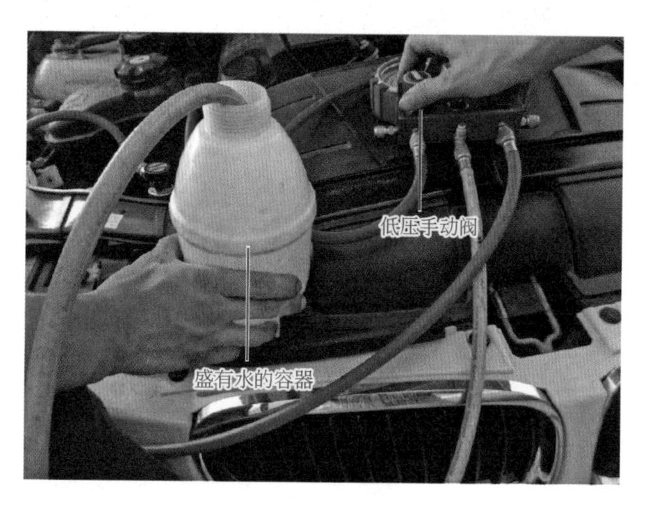

图3-21　排放制冷剂

八、空调系统检漏

1. 使用肥皂水检查空调系统泄漏

如图3-22所示，将肥皂水涂在空调管路或制冷系统零部件（如冷凝器、压缩机等）的检测部位，若冒泡则说明该部位有泄漏，应检修或更换。

2. 空调系统加压检漏

① 如图3-23所示，将空调歧管压力表上的红、蓝软管分别接到空调管路高压、低压阀上，并旋下空调管路的高压阀门。

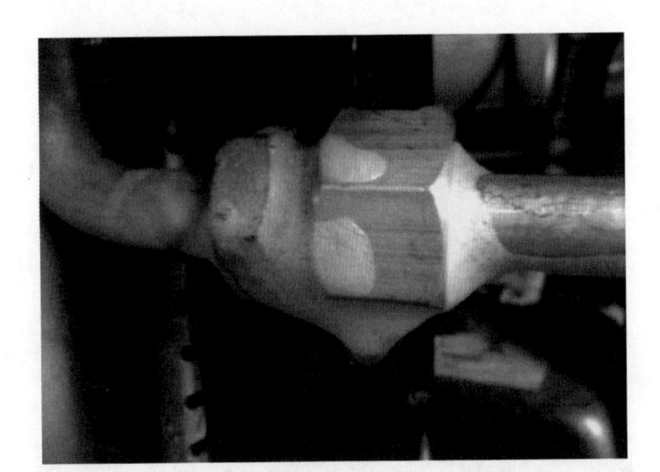

图3-22　用肥皂水检查空调系统泄漏

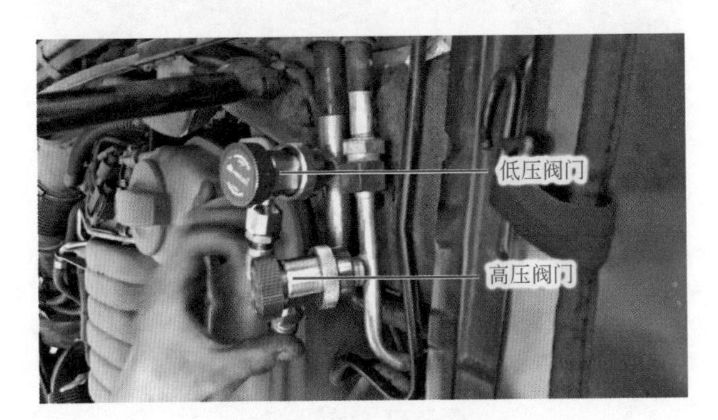

图3-23　连接空调歧管压力表

② 将空调歧管压力表的黄色软管接到真空泵排气口上，如图3-24所示。

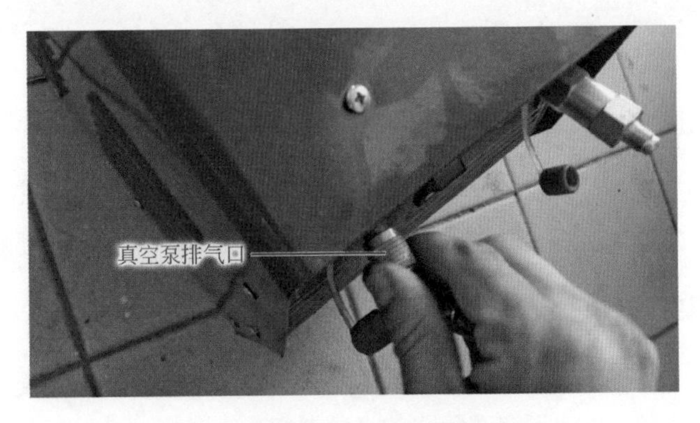

图3-24　将黄色软管接到真空泵排气口上

③ 如图3-25所示，打开真空泵的电源开关给空调系统加压，同时要观察空调歧管压力表，当空调系统充入1800kPa（注意：压力越高越容易找到泄漏，但容易造成空调管路爆裂）左右压力时关闭真空泵的电源开关和空调歧管压力表高压手动阀，避免压力过高导致制冷管路爆裂。

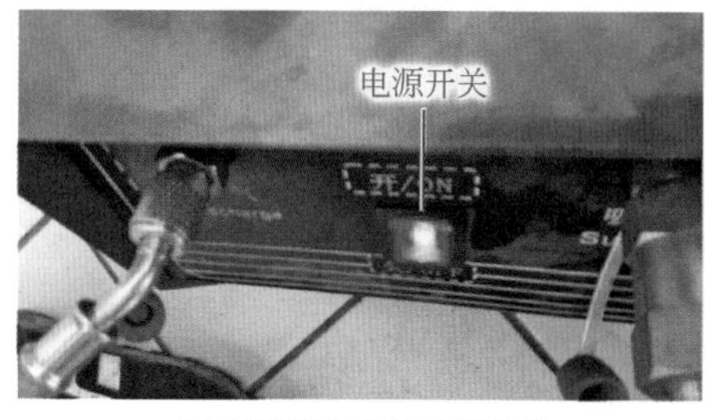

(a) 打开真空泵的电源开关

(b) 观察空调歧管压力表

图3-25　空调系统加压

④ 如图3-26所示，保持1h，观察高压表的指针的偏转幅度，如果比较大，说明系统有泄漏，应排查出泄漏部位；如果高压表的指针没有变化，表明系统正常。

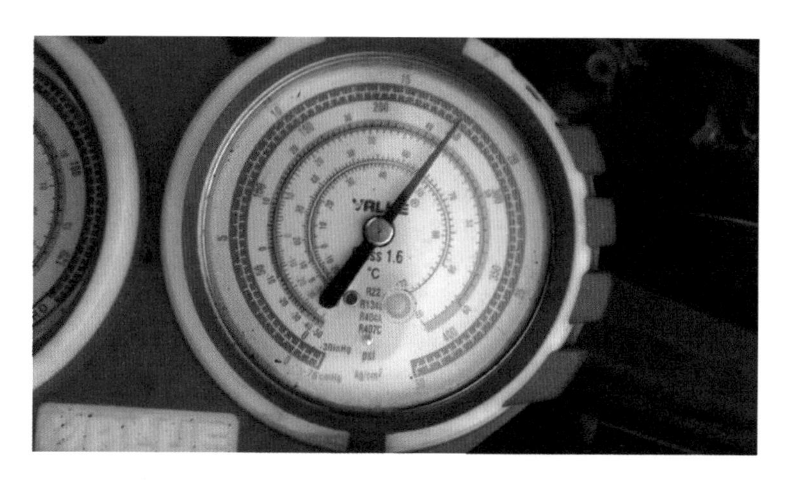

图3-26　空调系统泄漏检查

3.使用检漏仪检查空调系统泄漏

① 将电子检漏仪电源接上并预热10min左右。

② 将开关置于校核挡，确认指示灯和报警系统工作正常。

③ 将仪器调到所需的灵敏度范围。

④ 将开关置于检测挡，然后将探头放到被检测的部位（图3-27），如果有超过灵敏度范围的泄漏量，则有音响信号发出。

图3-27 用检漏仪检查空调系统是否有泄漏

九、空调系统抽真空

① 空调歧管压力表上的红、蓝软管分别接到空调管路高压、低压阀上，并旋下空调管路的高压阀门和低压阀门。

② 打开空调歧管压力表高、低压手动阀，然后将黄色软管接到真空泵吸气口上，最后打开真空泵的电源开关，此时真空泵高速运转，开始抽出空调循环管路内的空气并排入大气中，如图3-28所示。

图3-28 空调管路抽真空

③ 抽完真空后关闭高、低压手动阀，并关闭真空泵电源开关，真空泵停止运转。如图3-29所示，使空调系统静止状态维持5～10min，查看指针的读数是否上升，如稳定不变，说明空调系统密封性良好，完成抽真空操作。一般情况下10min内指针的上升率要小于3kPa，否则说明有空调系统泄漏处，应修复后再抽真空。

图3-29　保压测试

十、空调系统加注制冷剂

① 关闭高、低压手动阀门，从真空泵接头上取下黄色软管连接到制冷剂开瓶阀上，然后将制冷剂开瓶阀安装到制冷剂瓶上，如图3-30所示。

② 旋转制冷剂开瓶阀上的阀门直至刺破制冷剂瓶，然后旋出制冷剂开瓶阀阀门，从而排出制冷剂。

③ 如图3-31所示，用手压下放气针阀，直至听到“嘶嘶”声，目的是将制冷剂瓶至空调歧管压力表间的黄色软管内存留的空气释放。

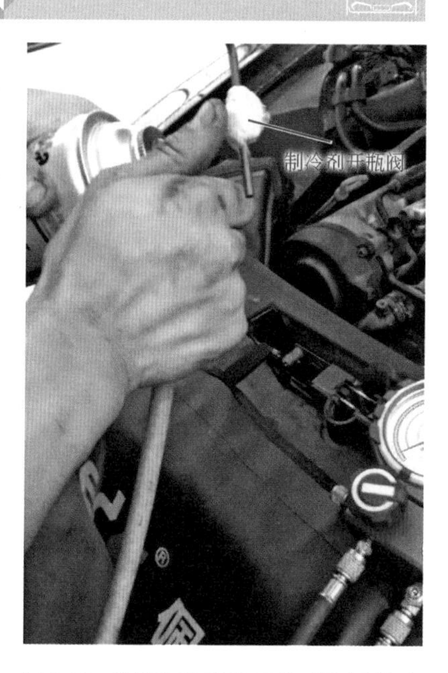

图3-30　将制冷剂开瓶阀安装到制冷剂瓶上

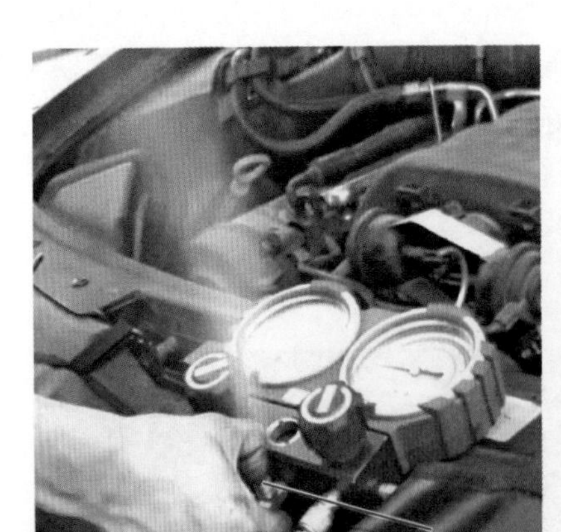

图3-31 用手压下放气针阀

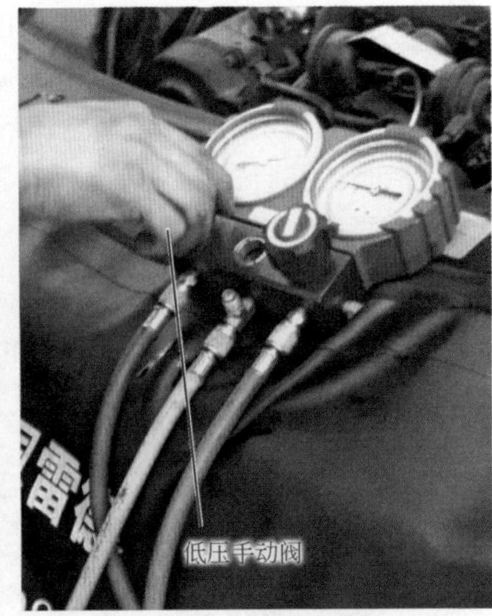

图3-32 打开空调歧管压力表低压手动阀

④ 如图3-32所示，缓慢打开空调歧管压力表低压手动阀，使制冷剂进入空调系统的低压管路中。

⑤ 启动发动机并让其怠速运转，接通空调（A/C）开关，将鼓风机开关和温度控制开关开至最大，让制冷剂更加容易地进入空调系统，当制冷剂瓶内没有制冷剂时，即可关闭低压手动阀。如图3-33所示，观察空调系统高、低压表压力数值，一般发动机转速在1250～1500r/min时，低压表应为200～250kPa，高压表应为1200～1500kPa，如果制冷剂不足则应采用①～④同样的步骤添加制冷剂，直至充注量达到规定值为止（车型不同加注量有所差异）。

图3-33 显示空调系统高、低压压力数值

⑥ 关闭空调系统，分别取下空调歧管压力表连接软管，使用喷水壶在高、低压管路阀门上喷上泡沫，检查高、低压管路阀门是否有制冷剂泄漏（图3-34）。如果没有，则将防尘帽旋入高、低压管路的阀门，即完成制冷剂的加注。

图3-34　检查高、低压管路阀门

项目十 汽车电气部件快修作业

一、蓄电池的检查与更换

1.检查蓄电池

1　外观判断蓄电池

① 观察蓄电池指示器，判断蓄电池的状态。当蓄电池指示器呈现出绿色时，表明蓄电池正常；当蓄电池指示器呈现出黑色时，表明蓄电池需要补充充电；当蓄电池指示器呈现出无色透明或浅黄色时，表明蓄电池内部有故障，应

更换蓄电池。

② 检查蓄电池接线柱的状态。如图3-35所示，检查蓄电池接线柱是否连接可靠，是否出现桩头氧化物，如有异常应及时紧固或将氧化物清除。

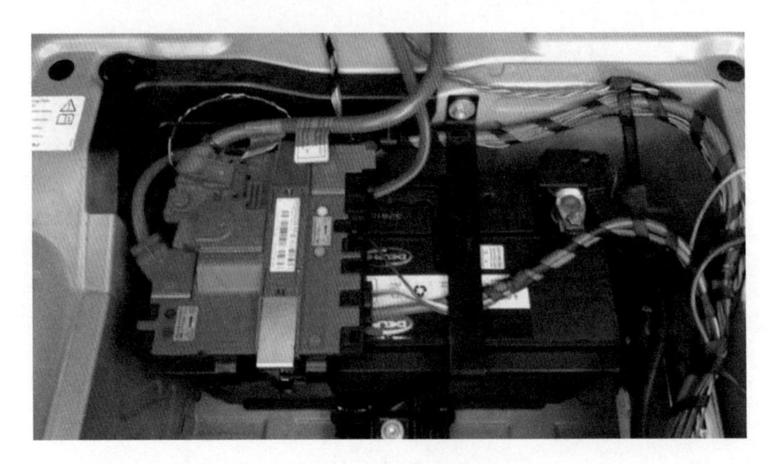

图3-35　外观判断蓄电池

2　检测蓄电池电压（图3-36）

① 使用万用表20V直流电压挡测量蓄电池静态电压，正常应为11.5～12.5V。

② 启动发动机，蓄电池启动电压应为9～11V。

③ 发动机启动后，检测发电机发电电压，正常应为13.5～14.5V。

图3-36　检测蓄电池电压

2.更换蓄电池

注意

◆在断开蓄电池电缆之前，对具有防盗编码的音响要先获得编码，避免蓄电池断电后音响锁住。

◆对汽车电控系统进行故障查询并记录。

◆注意安全操作和规范的防护。

① 找到蓄电池的位置。

② 拆下蓄电池夹持器和螺母。

③ 从蓄电池负极（-）接线柱上断开黑色电缆，然后断开正极（+）接线柱上红色电缆。

④ 小心拆下蓄电池，并放在地上。

⑤ 检查蓄电池电缆和接头有无磨损或腐蚀，如有损坏则更换相同型号和长度的电缆。

⑥ 用钢丝刷清洁电缆头及新蓄电池的接头，以便接触良好。

⑦ 将蓄电池装入固定的位置中，并连接夹持器和螺母。

⑧ 连接红色电缆到蓄电池正极接线柱，将黑色电缆连接到蓄电池负极接线柱，然后将其拧紧，如图3-37所示。

⑨ 启动发动机，检查蓄电池安装是否成功。

图3-37　拧紧蓄电池电缆

二、起动机的检查与保养

起动机可以将蓄电池的电能转化为机械能，驱动发动机飞轮旋转实现发动机的启动。发动机在以自身动力运转之前，必须借助外力旋转。发动机借助外力由静止状态过渡到能自行运转的过程，称为发动机的启动。

1.起动机的检查

1）吸引测试

① 从端子C上断开励磁线圈引线。

② 如图3-38所示，将蓄电池连接到电磁开关上。检查离合器小齿轮是否向外移动，如果离合器小齿轮不能向外移动，则更换电磁开关。

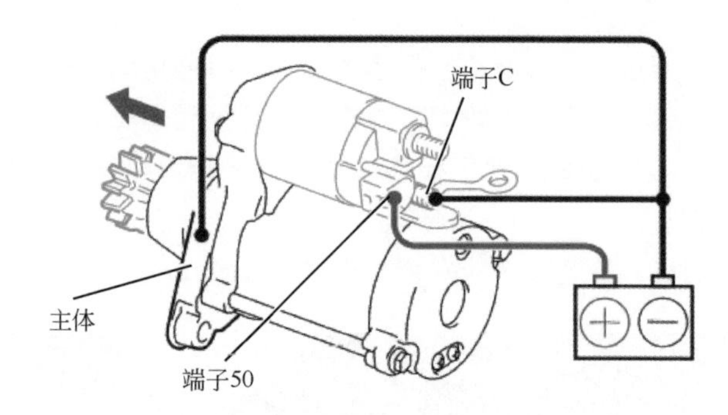

图3-38　吸引测试

2）保持测试　在进行吸引测试的条件下，从端子C上断开负极（-）端子导线，如图3-39所示。检查离合器小齿轮是否留在外面，如果离合器小齿轮向内移动，则更换电磁开关。

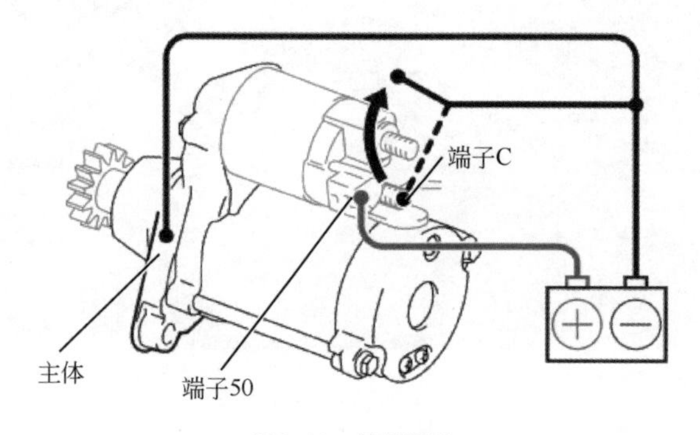

图3-39　保持测试

3）检查离合器小齿轮回位　如图3-40所示，断开起动机体上的负极（-）导线。检查离合器小齿轮是否向内移动，如果离合器小齿轮不能向内移动，则更换电磁开关。

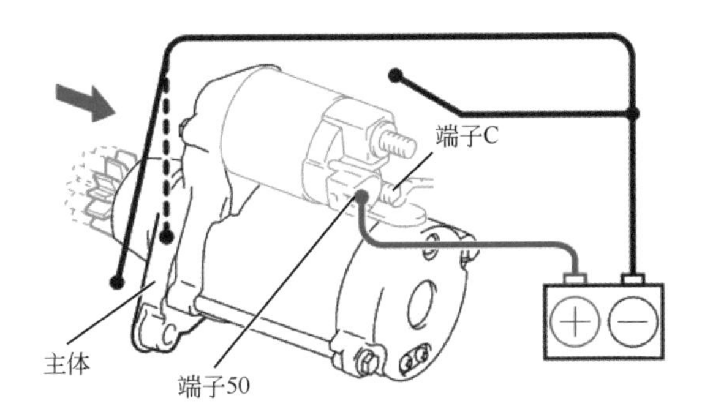

图3-40　检查离合器小齿轮回位

4）无负荷性能测试

① 用螺母将励磁线圈连接到端子C上。

② 用台钳夹住起动机。

③ 如图3-41所示，将蓄电池和安培表连接到起动机上。

④ 离合器小齿轮外移时，检查起动机旋转是否平滑和稳定。检查安培表读数是否为规定电流。当蓄电池电压为11.5V时，电流应在90A或以下，如果结果不符合规定，则需要大修起动机。

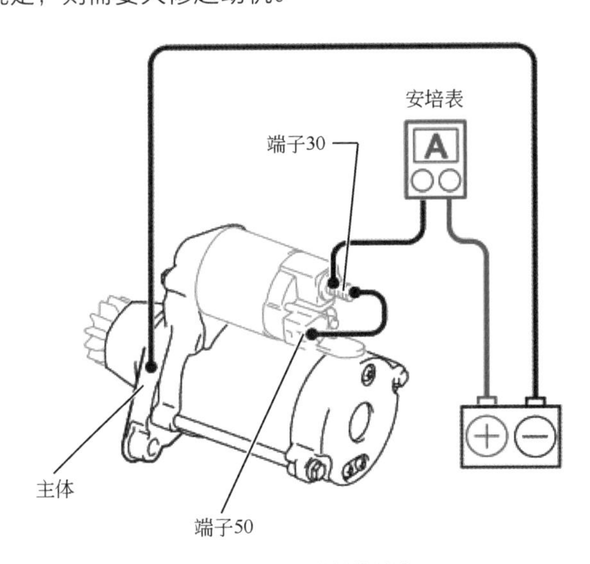

图3-41　无负荷性能测试

2 检查电磁开关

① 检查柱塞。按下柱塞，并检查其是否能快速回到原位（图3-42）。必要时，更换电磁开关。

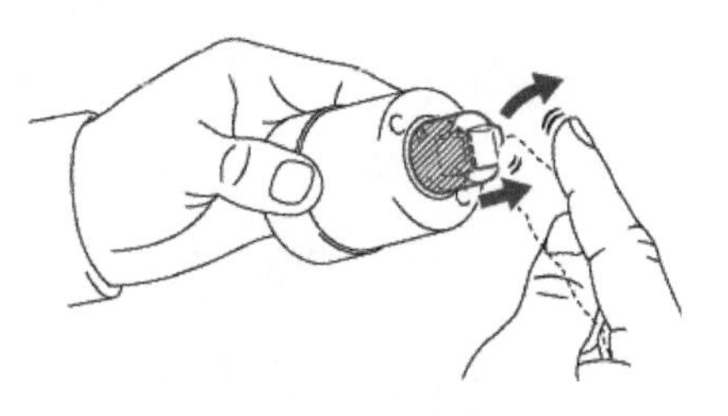

图3-42 检查柱塞

② 检查吸引线圈电阻。如图3-43所示，用万用表测量端子50和端子C之间的电阻，电阻应低于1Ω。如果电阻不符合规定，则更换电磁开关。

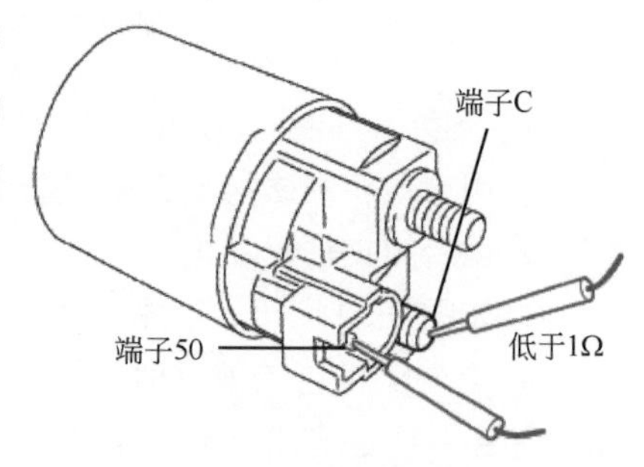

图3-43 检查吸引线圈是否断路

③ 检查保持线圈电阻。如图3-44所示，用万用表测量端子50和开关体之间的电阻，电阻应低于2Ω。如果电阻不符合规定，则更换电磁开关。

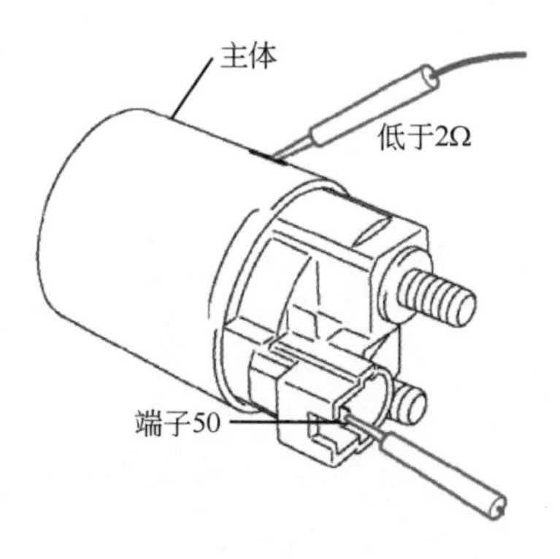

图3-44 检查保持线圈是否断路

3　检查起动机电枢轴

① 检查电枢轴的换向器表面是否有污垢或烧灼痕迹，如果表面有污垢或烧灼痕迹，则用400号砂纸打磨其表面。

② 如图3-45所示，用数字式万用表检查换向器与电枢线圈芯之间的电阻，阻值应为无穷大；若阻值为零或有阻值，说明电枢线圈短路，则应更换电枢轴。

③ 如图3-46所示，用数字式万用表两表笔分别依次与相邻换向器接触，其读数应显示为零（导通）；若不导通，说明电枢线圈断路，则更换电枢轴。

图3-45　检查电枢轴的绝缘性

图3-46　检查电枢线圈的导通性

4　检查电刷总成

① 如图3-47所示，用游标卡尺测量电刷长度。规定长度为9.0mm，最小长度为4.0mm。如果长度小于最小值，则更换电刷总成。

② 如图3-48所示，用数字式万用表测量电刷总成的正极（+）与负极（-）电刷之间的电阻，电阻应为10kΩ或更高。如果电阻不符合规定，则修理或更换电刷总成。

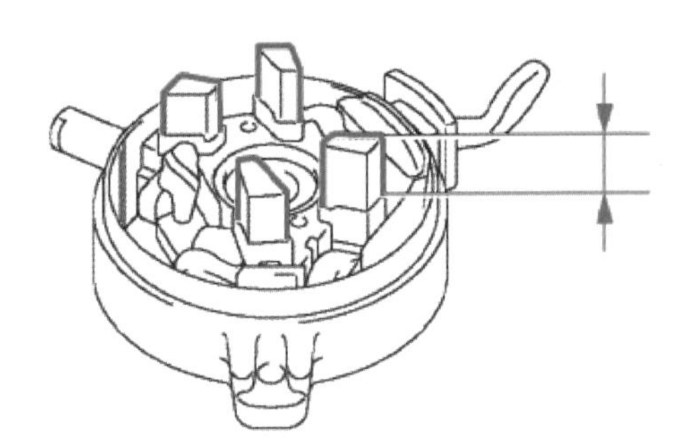

图3-47　检查电刷长度

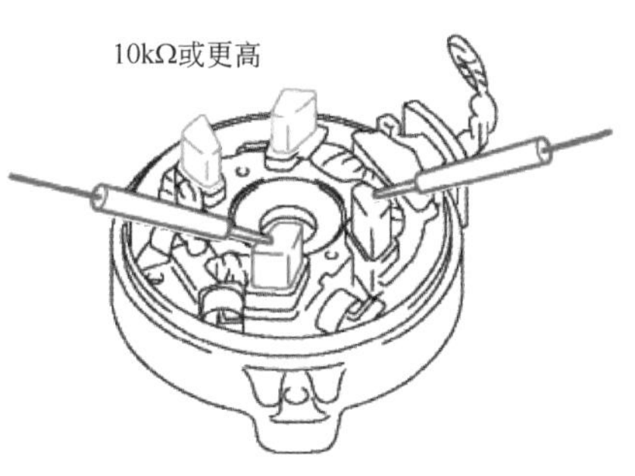

图3-48　测量电刷总成

5 检查起动机单向离合器　如图3-49所示，逆时针方向转动单向离合器小齿轮，检查是否自由转动。尽力顺时针方向转动单向离合器小齿轮，检查是否锁定。如果与规定不符合，则应更换单向离合器总成。

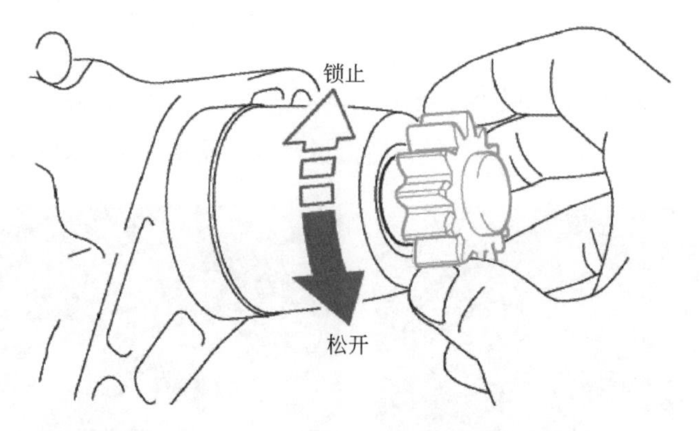

图3-49　检查起动机单向离合器

2.起动机的保养

定期保养（一般一年为一个周期）起动机的目的是延长起动机的使用寿命，主要内容包括清洁起动机零部件的脏污和在齿轮上涂抹润滑脂（俗称黄油）。

① 从汽车上拆下起动机，然后分解起动机（图3-50），对零部件进行检查，如果发现异常应进行维修。

清洁起动机零部件的注意事项

◆起动机的电枢轴、定子线圈、电刷、单向离合器总成及电磁开关上的油污，最好用清洁的抹布擦干净或用压缩空气吹干净。如果过脏，可用棉纱蘸少量汽油擦拭，但千万要避免电枢轴、定子线圈的部件浸入汽油，否则会损坏绝缘层。此外，单向离合器配件本身内有润滑油，当它浸入汽油后会洗掉润滑油而损坏单向离合器。

◆其他起动机零部件可用汽油清洗后擦拭干净，如过脏不易洗掉，可将零部件浸泡一段时间后再清洗干净。

② 如图3-51所示，在起动机的轴承及3个齿轮上涂抹润滑脂，增加起动机的润滑效果，有效预防起动机异响。

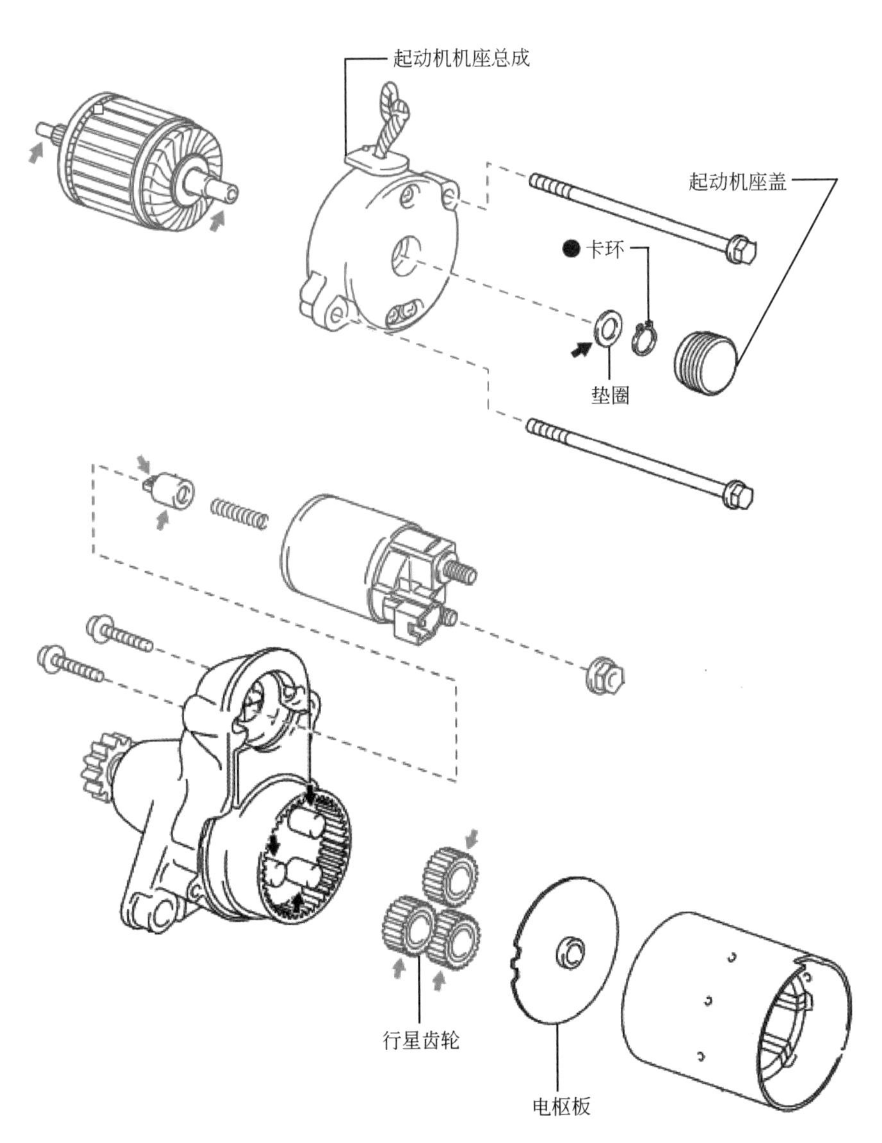

图3-50　分解起动机

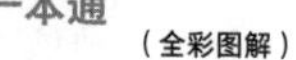

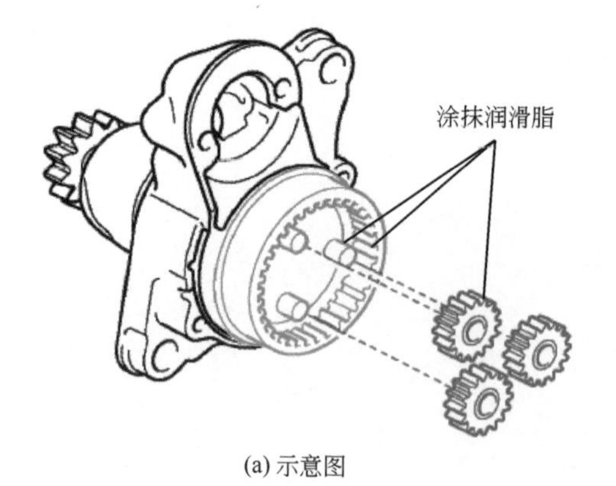

(a) 示意图

(b) 实物图

图 3-51　涂抹润滑脂

③ 安装起动机电枢总成。

◆将高温润滑脂施涂到平垫圈和电枢轴上。

◆安装起动机电枢轴总成，如图 3-52 所示。

◆用卡环钳安装平垫圈和新卡环。

④ 安装起动机机座盖，如图 3-53 所示。

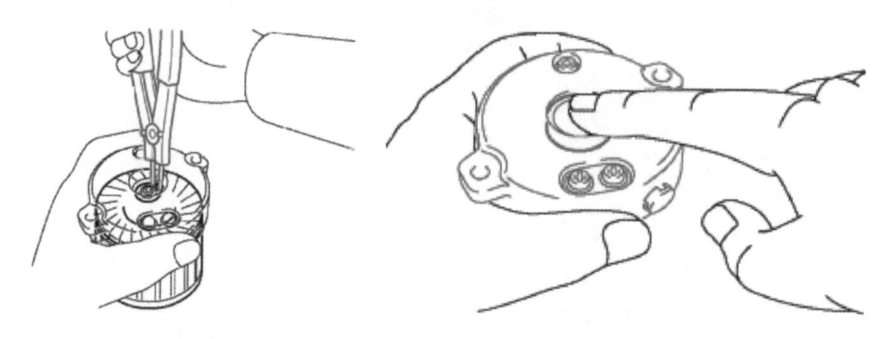
图 3-52　安装起动机电枢轴总成

图 3-53　安装起动机机座盖

⑤ 将电枢板上的定位爪与直流电动机壳体内的槽对齐，并安装起动机电枢板，如图 3-54 所示。

⑥ 如图 3-55 所示，将起动机机座的橡胶与直流电动机壳体的槽对齐，安装直流电动机壳体。

⑦ 将直流电动机壳体上的定位爪与驱动机构内的槽对齐，用 2 个贯穿螺栓安装好直流电动机壳体（图 3-56）。

⑧ 将电磁开关固定在驱动机构外壳上（图 3-57）。

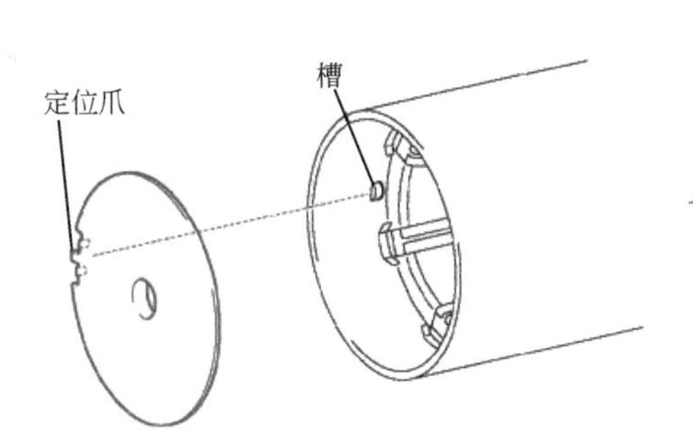

图3-54　安装起动机电枢板

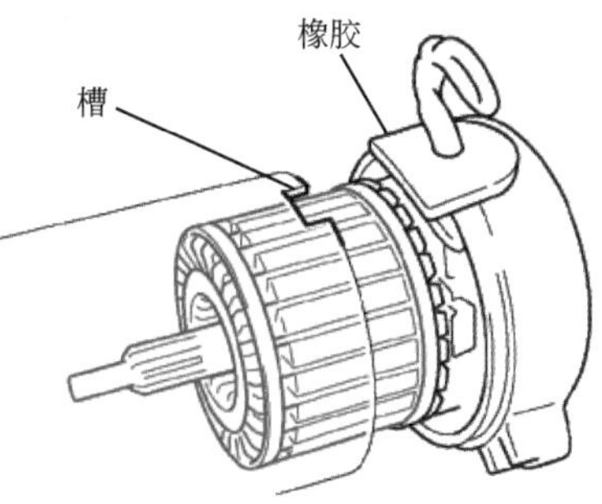

图3-55　安装直流电动机壳体

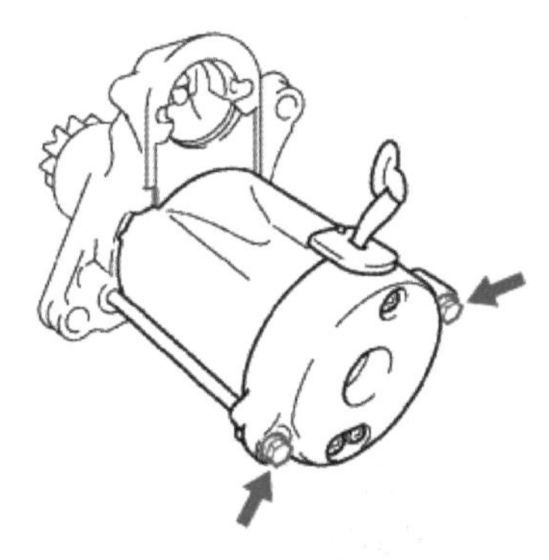

图3-56　安装贯穿螺栓

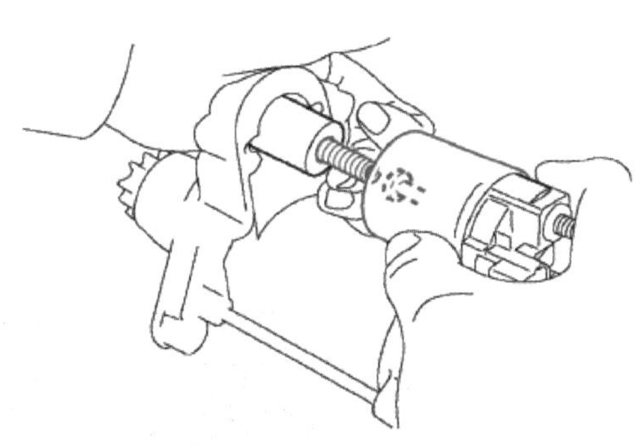

图3-57　安装电磁开关

⑨ 用2个螺母将电磁开关紧固，如图3-58所示。

⑩ 如图3-59所示，接好“C”接线柱的引线，然后将固定螺母拧紧。

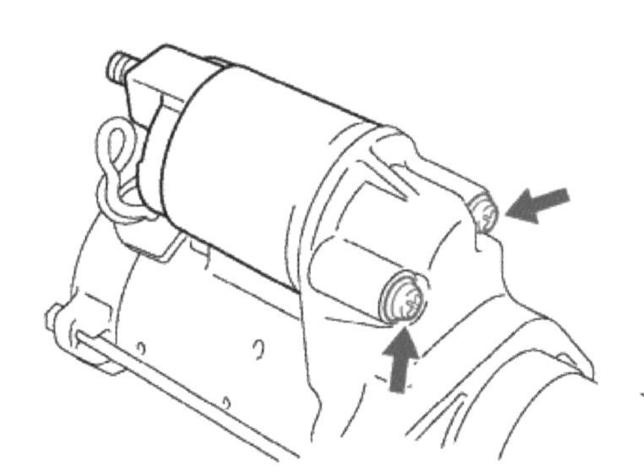

图3-58　拧紧电磁开关紧固螺母

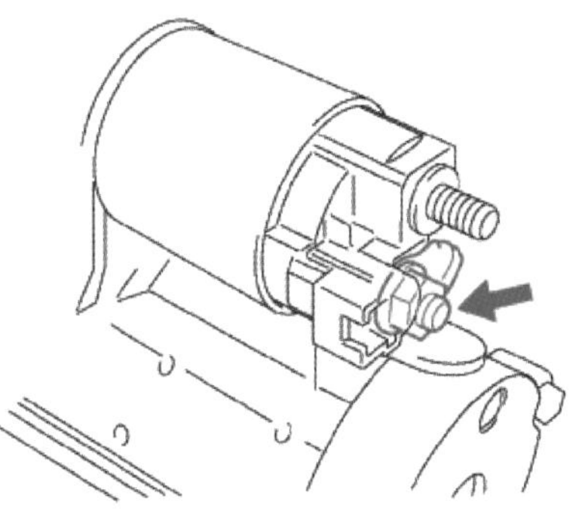

图3-59　接好“C”接线柱的引线

三、发电机的检查与保养

发电机基本结构由转子、定子、整流器和调节器总成、前后端盖、带轮等组成。由轴承及端盖将发电机的定子和转子连接组装起来，使转子能在定子中旋转，做切割磁力线的运动，从而产生感应电势，通过接线端子引出，接在回路中，便产生了电流。发电机除了用于汽车用电设备的供电外，还用于蓄电池的充电。

1.发电机的检查

将万用表置于直流电压挡，黑表笔“－”接蓄电池负极，红表笔“＋”接蓄电池正极，此时所测电压为蓄电池电压。

注意：若万用表正负极接反，万用表显示屏不仅显示电压值，还会显示极性“－”，如图3-60所示。

启动发动机并逐渐提高转速，此时万用表读数应为13.5～14.5V，说明发电机发电正常。若发电机的发电量（电压）低于13V，则说明发电机存在故障，应对发电机和调节器进行检修。

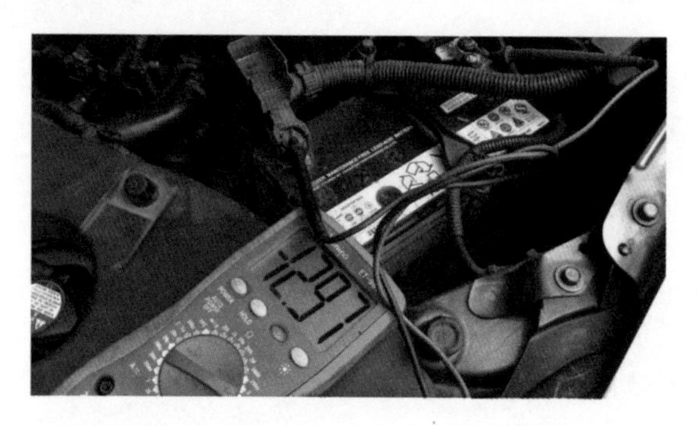

图3-60　发电机的发电量（电压）检查

2.发电机的保养

① 将发电机放置平稳，然后拆下发电机后端盖罩。

② 拆卸电刷架上的3个固定螺栓，然后取下电刷架。

③ 拆卸发电机后端盖与前端盖的4个紧固螺栓，如图3-61所示。

④ 使用拉拔器将发电机的后半部分与前半部分分离，如图3-62所示。

⑤ 小心地将发电机的后半部分（定子线圈和后端盖、整流器）与前半部分（前端盖、转子、带轮）分离并摆放整齐，如图3-63所示。

图 3-61　拆卸 4 个紧固螺栓

图 3-62　分离发电机

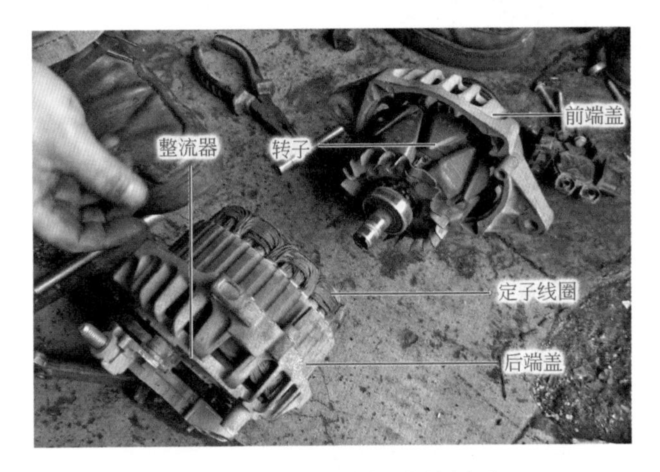

图 3-63　发电机的后半部分与前半部分

⑥ 一只手转动带轮，另一只手拿细砂纸打磨滑环，如图 3-64 所示。

⑦ 从发电机前半部分拆下发电机带轮，如图 3-65 所示。

图 3-64　细砂纸打磨滑环

图 3-65　拆卸发电机带轮

⑧ 分解发电机前半部分，然后将前端盖、转子、带轮摆放整齐，如图3-66所示。

图3-66 分解发电机前半部分

⑨ 如图3-67所示，使用数字式万用表测量转子与滑环之间的电阻，应为1.5～2.5Ω。如果低于此值则为滑环短路，若为“∞”则为滑环断路，均应更换转子。

⑩ 如图3-68所示，使用数字式万用表测量滑环与铁芯（或转子轴）之间的电阻,应为“∞”。如果结果不符合要求，则应更换发电机转子。

图3-67 测量转子与滑环之间的电阻

⑪ 如图3-69所示，将数字式万用表调到“Ω”挡位，黑表笔接整流器端子“B”，红表笔分别接整流器各接线柱，数字式万用表均应导通。如果结果不符合要求，可能是整流正极管损坏。

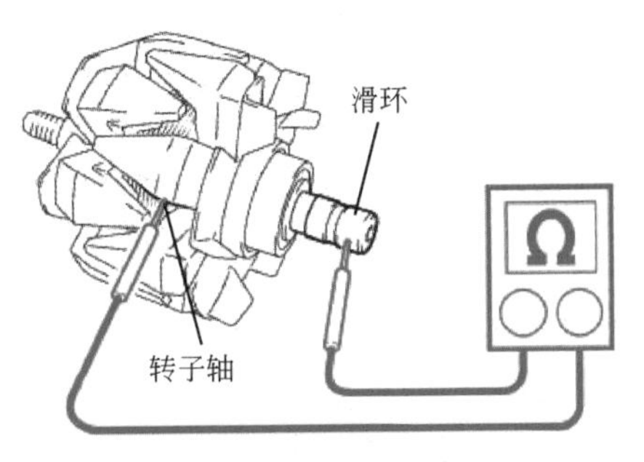

图3-68 测量滑环与转子轴之间的电阻

⑫ 如图3-70所示，将数字式万用表调到“Ω”挡位，红表笔接整流器端子“E”，黑表笔分别接整流器各接线柱，万用表均应导通。如果结果不符合要求，可能是整流负极管损坏。

图3-69 整流正极管正向检测

图3-70 整流负极管正向检测

⑬ 检查前端盖的轴承，如果前端盖的轴承正常，则将转子装入前端盖；如果前端盖的轴承损坏，则应重新更换前端盖的轴承。

⑭ 将发电机带轮安装好，如图3-71所示。

⑮ 如图3-72所示，将发电机后半部分装入发电机的前半部分，安装时确保前后两部分的安装位置准确。

图3-71 安装发电机带轮

图3-72 组装发电机

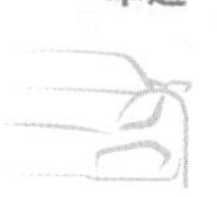

⑯ 将发电机后端盖与前端盖的4个紧固螺栓拧紧。

⑰ 如图3-73所示，安装发电机电刷架，但是安装之前应确保电刷在电刷架中活动自如，且电刷的长度不得少于1/2，如电刷不符合规定，应更换电刷架总成。

⑱ 装上转子轴滑环防尘套。

⑲ 安装发电机后端盖罩，如图3-74所示。

图3-73 安装发电机电刷架

图3-74 安装发电机后端盖罩

四、车门锁的检查和更换

1.车门锁的检查

1 检查基本功能

① 检查并确认车门控制开关（手动操作）转至LOCK位置时所有车门锁止，转至UNLOCK位置时所有车门解锁。

② 使用机械钥匙将驾驶人侧车门锁芯转至LOCK位置时，检查并确认所有车门锁止。

2 检查防止电子钥匙锁在车内的功能

注意：为了防止电子钥匙真的被锁在车内，执行以下检查时应打开驾驶人侧门窗。

① 将电子钥匙放在车内。

② 打开驾驶人侧车门，将驾驶人侧车门的门锁按钮或者车门控制开关转至LOCK位置，然后关闭驾驶人侧车门。

③ 检查并确认所有车门解锁。

3　检查防止钥匙反锁车内的功能

注意：为了防止电子钥匙真的被锁在车内，执行以下检查时应打开驾驶人侧门窗。

① 将钥匙插入点火锁芯中。

② 打开驾驶人侧车门，检查并确认所有车门在驾驶人侧车门的门锁按钮转至LOCK位置后能立即解锁。

③ 打开驾驶人侧车门，检查并确认所有车门在车门控制开关（手动操作）转至LOCK位置后能立即解锁。

④ 打开驾驶人侧车门，将驾驶人侧车门的门锁按钮转至LOCK位置，然后关闭驾驶人侧车门。

⑤ 检查并确认所有车门解锁。

4　检查安全功能

① 打开驾驶人侧门窗，然后关闭所有车门，以便车门控制开关能从车外操作。

② 将电子钥匙或机械钥匙（发射器）拔出，打开驾驶人侧车门，然后使用电子钥匙或机械钥匙（发射器）关闭并锁止车门。在这种情况下，检查并确认当从车外将车门控制开关（手动操作）转到UNLOCK位置时，所有车门不解锁。

③ 拔出电子钥匙或机械钥匙，通过机械钥匙操作关闭并锁止驾驶人侧车门。在这种情况下，检查并确认当从车外将车门控制开关（手动操作）转到UNLOCK位置时，所有车门不解锁。

④ 拔出电子钥匙或机械钥匙（发射器），关闭驾驶人侧车门，然后用遥控门锁操作锁止车门。在这种情况下，检查并确认当从车外将车门控制开关（手动操作）转到UNLOCK位置时，所有车门不解锁。

⑤ 检查并确认安全功能在以下情况下被取消。

◆点火开关置于ON（IG）位置。

◆使用机械钥匙（发射器）或电子钥匙解锁驾驶人侧车门。

◆车门控制按钮手动转至UNLOCK位置后，车门控制开关（手动操作）转至UNLOCK位置。

5　检查照明功能

① 将车室照明灯开关置于DOOR位置。

② 锁止所有车门，检查并确认使用钥匙将驾驶人侧门锁锁芯转至解锁位置后，驾驶人侧车门解锁。同时，车室照明灯亮起。

③ 如果车门没有打开，检查并确认车室照明灯在大约15s内关闭。

6 检查自动锁止功能

① 锁止所有车门。

② 使用电子钥匙解锁驾驶人侧车门。

③ 保持所有车门关闭，且不接触电子钥匙开关和上车解锁开关30s。然后，检查并确认所有车门自动锁止。

7 检查驾驶人联动自动车门开锁功能 当驾驶人侧车门关闭时，将点火开关从ON（IG）转到OFF并在10s内打开驾驶人侧车门，所有门将自动开锁。

8 检查自动锁止功能是否与换挡杆联锁 所有车门关闭并且发动机启动，当任何车门开锁时，检查当换挡杆从P位置移动到任何位置时，是否所有车门自动锁止。

2.门锁的更换

① 打开车门。

② 拆卸车门饰板。

③ 取下车内门锁拉钩，然后拿下车门饰板。

④ 将电缆的各个固定卡卸下。

⑤ 将开锁拉杆胶套、闭锁小杆胶套等几个橡胶套拆下，卸下锁拉钩等。

⑥ 卸下车门外侧锁芯（挖开门侧的一个小圆盖，松开里面的螺钉）。

⑦ 卸下车门侧的梅花螺钉，取下门锁，如图3-75所示。

图3-75 拆卸门锁

⑧ 更换新门锁（拆下时应看清门锁上各个挂钩拉线的位置与装卸方法）并插入门锁控制电缆插头。

⑨ 装回门锁，挂上各个拉钩及拉线，但注意检查新门锁必须处于正确的原始状态。

⑩ 重新安装门饰板至车门。

⑪ 接通电源，测试车门开锁与锁止状态，如果恢复正常，则重新安装内饰件。

五、电动车窗的检查

电动车窗结构如图3-76所示，主要包括车门板、车窗玻璃导槽、车窗玻璃、电动车窗升降器总成、电动车窗电动机等。

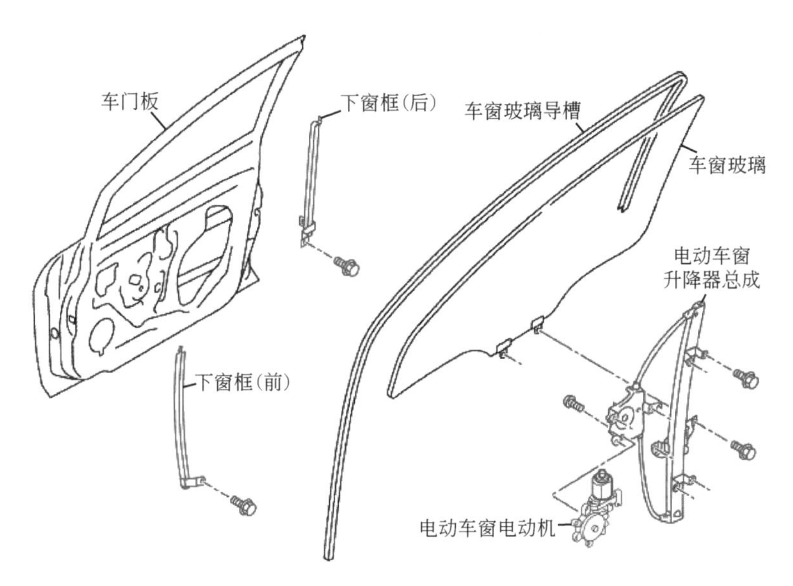

图3-76　电动车窗结构

1.电动车窗的检查与保养

① 如果车窗玻璃完全不能上下，则有可能是电动车窗开关故障，如果是，则更换电动车窗开关。

② 如果发现电动车窗电动机卡滞，应拆开车门装饰板，然后在电动车窗电动机齿轮的内部喷上润滑剂，并一边上下移动，一边喷涂，这样可以使很狭

小的部分也能喷上润滑剂。

③ 检查车窗玻璃导槽两端的橡胶部分，当车窗玻璃与导槽的滑动状况差时，可喷上橡胶保护剂。

④ 当车窗玻璃导槽内的橡胶条硬化或卡有脏污，令车窗玻璃升降不畅顺或卡住不动时，应将脏污清洁干净，然后在车窗玻璃导槽内喷些润滑剂并保持车窗的洁净。

2. 电动车窗的故障处理措施（表3-1）

表3-1 电动车窗的故障处理措施

故障类型	处理措施
所有车窗不能升降	◆首先检查电动车窗系统熔丝是否烧坏，若熔丝烧坏，应更换熔丝并排除线路短路的故障 ◆检查电动车窗电动机的电源线路有无断路、插头松脱或电动车窗电动机损坏，若有，应将其故障排除 ◆检查电动车窗开关及继电器是否正常，如有异常，应将其排除
某个车窗不能升降	◆检查相应车窗开关，如果车窗开关损坏，则应将其更换 ◆检查相应电动车窗电动机，如果电动机损坏，应更换新件 ◆给电动车窗电动机接线端直接通电，判断电动机正反转是否正常，若有故障，应视情况进行检修或更换新件；若电动机运转正常，则检修相应的控制线路 ◆检查车窗开关或线路是否有损坏的故障，若有故障，则重新连接线路
电动车窗工作时有异常响声	◆电动车窗电动机安装时调整不当，应重新调整电动车窗电动机的安装位置 ◆电动车窗升降器钢丝移位，应将钢丝复原 ◆电动车窗升降器与车窗玻璃摩擦，应调整或固定车窗玻璃

六、电动后视镜的检查

电动后视镜主要由电动后视镜玻璃、电动后视镜座、电动后视镜盖、侧转向信号灯构成，如图3-77所示。

1. 电动后视镜线路的检查

① 当电动后视镜出现故障时，应先检查熔丝是否烧坏，并用万用表测试电动后视镜开关，如果电动后视镜开关有故障，应进行更换。

② 将12V蓄电池直接接到电动后视镜电动机两电源接线端检查其工作情况。通电时，电动后视镜电动机能够转动，并且接线换向时电动后视镜电动机也能反向转动，否则应更换电动后视镜电动机或检查相关线路是否断路。

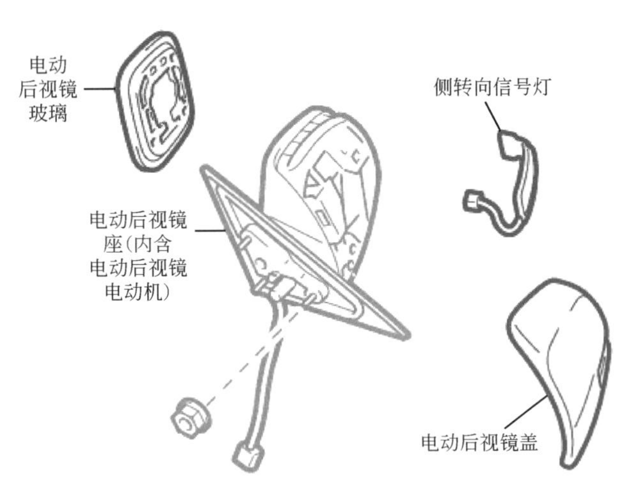

图3-77　电动后视镜结构

2.电动后视镜的故障处理措施（表3-2）

表3-2　电动后视镜的故障处理措施

故障类型	处理措施
两个电动后视镜均不能工作	◆两个电动后视镜均都不工作，是电动后视镜熔丝烧坏、线路断路或插接器松脱，应检测熔丝和线路的断路，同时排除插接器松动、松脱状况 ◆电动后视镜开关、电动后视镜电动机损坏，检测电动后视镜开关和电动后视镜电动机性能
一侧电动后视镜不能工作	◆电动后视镜开关损坏，排除电动后视镜开关的故障 ◆电动后视镜电动机损坏，检测电动后视镜电动机的好坏 ◆电动后视镜线路搭铁、线路不良，排除电动后视镜线路搭铁、线路不良的故障

七、刮水器的检查

刮水器主要由电动机（自动停位器）、刮水器连杆、刮水器臂、雨刮片等组成，如图3-78所示。刮水器由电动机带动，通过刮水器连杆将电动机的旋转运动转变为刮水器臂（即风窗玻璃上面除了雨刮片之外的那部分）的往复运动，从而实现刮雨动作。一般接通电动机（即按一下刮水器开关），即可让刮水器工作。通过选拨高速或低速挡，可以使电动机的电流发生大小变化，从而控制电动机转速，进而控制刮水器的工作快慢。

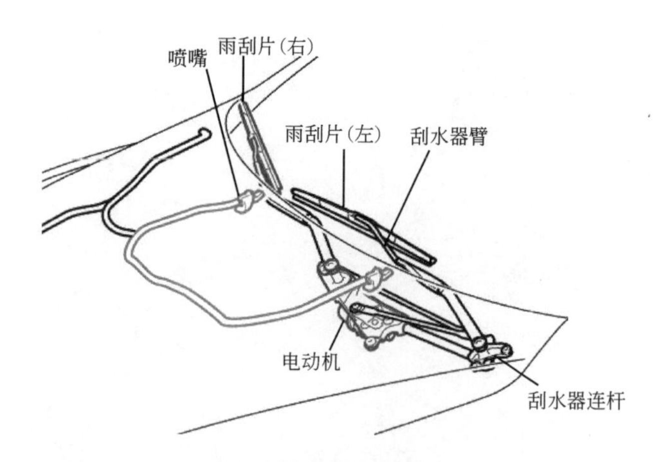

图3-78 刮水器的基本结构

1. 刮水器电动机工作性能检测

1 刮水器电动机低速性能检测　准备一个12V的蓄电池和连接导线，然后将蓄电池“+”极连接到接线插头端子“+1”，蓄电池“-”极连接到刮水器电动机壳体，如图3-79所示。此时刮水器电动机应低速运转，否则应修理或更换刮水器电动机。

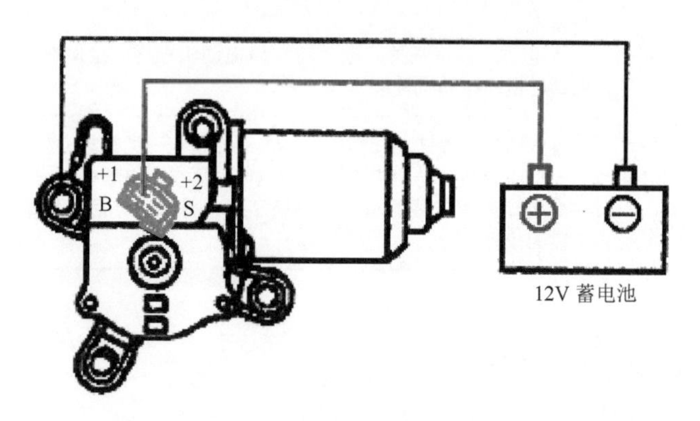

图3-79 刮水器电动机低速性能检测

2 刮水器电动机高速性能检测　将蓄电池“+”极连接到接线插头端子“+2”，蓄电池“-”极连接到刮水器电动机壳体，如图3-80所示。此时刮水器电动机应高速运转，否则应修理或更换刮水器电动机。

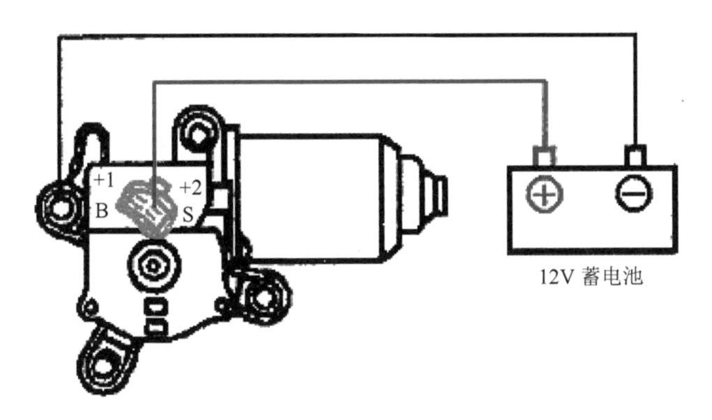

图 3-80 刮水器电动机高速性能检测

3 刮水器电动机停止位置检测

① 将蓄电池“+”极分别连接到接线插头端子“B”和“+1”，蓄电池“-”极连接到刮水器电动机壳体，如图 3-81 所示。此时刮水器电动机将低速运转，去掉接线端子“+1”接线，刮水器电动机应停止转动。

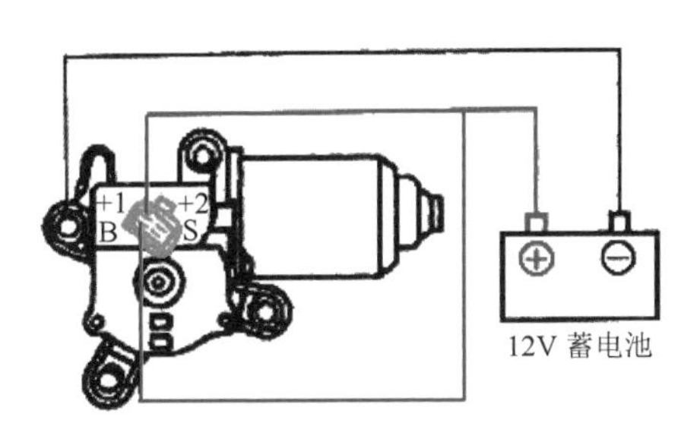

图 3-81 刮水器电动机停止位置检测

② 另取一根导线再将接线柱端子“+1”和“S”连接，此时刮水器电动机应先转后停，而且应该停在自动停止的位置上，如图 3-82 所示。

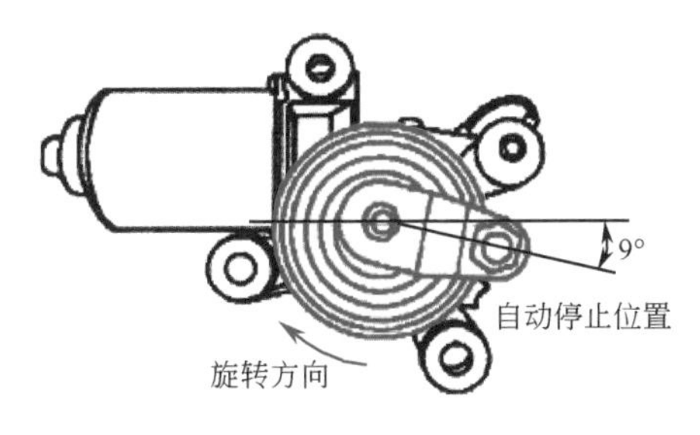

图 3-82 自动停止的位置

2.刮水器的故障处理措施（表3-3）

表3-3　刮水器的故障处理措施

故障类型	处理措施
刮水器不能回位	◆刮水器连杆与电动机轴松动，重新调整刮水器连杆位置，并将其紧固 ◆刮水器电动机内的回位铜环引线断路或自动回位触点与铜环接触不良，更换刮水器电动机 ◆刮水器开关至刮水器电动机回位铜环引线断路，维修断路的线路 ◆刮水器开关引线断路或接触不良，更换刮水器开关
刮水器速度不正常	◆刮水器电动机转子局部短路或电刷磨损严重，更换刮水器电动机电刷 ◆电源电压低或电路连接导线接触不良，检查线路电压或重新连接导线 ◆刮水器开关接触不良，更换刮水器开关 ◆刮水器继电器有故障，修理或更换刮水器继电器 ◆连杆连接过紧或过松，连杆润滑不良或卡滞，更换连杆传动机构 ◆雨刮片变质，粘在风窗玻璃上，清洗风窗玻璃并更换雨刮片
刮水器无法关闭	◆首先拔下刮水器继电器，如果刮水器停止，说明刮水器继电器损坏，应将其更换 ◆拆开刮水器开关外壳，检查组合开关印制电路滑动触点轨迹上的各个工作点之间是否有铜绿或污垢，如有，应将其清洁干净后重新安装
刮水器工作时出现颤动	◆检查雨刮片是否老化，刮水器臂是否弯曲或对风窗玻璃的倾角不对，如有异常，则更换雨刮片或校正刮水器臂 ◆检查风窗玻璃，若风窗玻璃过脏，比如有较多灰尘或油污，应使用专用的玻璃清洁剂进行清洗 ◆检查刮水器传动机构，如果传动机构出现锈蚀或卡滞的现象，应添加润滑油
刮水器不工作	◆刮水器电动机内定子或转子断线、电刷磨损严重，更换电刷、定子、转子或更换刮水器电动机 ◆刮水器电路中的熔丝烧坏或接线断线，更换熔丝或修复电路接线 ◆刮水器开关接触不良，更换刮水器开关 ◆刮水器继电器损坏，更换刮水器继电器 ◆刮水器连杆卡滞，不能运动或脱落，雨刮臂锈蚀、脱落，修复连杆和雨刮臂
刮水器不能复位	◆刮水器开关接触不良，修理或更换刮水器开关 ◆刮水器电动机高速、低速电刷磨损，自动复位装置接触不良或自动复位装置运动不灵活，更换刮水器电动机

八、汽车灯光及其线路的检查与更换

1. 汽车灯光及其线路的检查

1 查看灯泡工作情况　通过观察灯泡进行检查，如果灯泡发黑或灯丝熔断，应更换新灯泡。

2 用万用表检测灯泡的阻值　将数字式万用表调到电阻挡，然后将两表笔分别抵触在灯泡的正负极上（图3-83），当显示几十到几百欧姆的阻值时，说明灯泡是好的；当显示阻值为0或∞时，说明灯泡损坏。

图3-83　用万用表检测灯泡的阻值

3 查看灯光系统熔丝　观察灯光系统熔丝，如果灯泡的熔丝频繁熔断或一开控制开关就熔断，应排除灯光系统线路短路的故障。

4 查看灯座及插头　如果出现灯泡不亮或昏暗的现象，应检查灯座及插头之间是否因锈蚀或接触不良而引起故障。

5 查看灯光系统搭铁线　如果灯光系统电源线正常，应检查灯光系统搭铁线是否不良或出现断路故障。可用一根导线将灯光系统搭铁线连接至蓄电池负极或搭铁良好的部位，如果灯光变亮，应排除灯光系统搭铁不良故障。

2. 汽车灯光及其线路的故障处理措施（表3-4）

表3-4　汽车灯光及其线路的故障处理措施

故障类型	处理措施
转向灯明亮而不闪烁	◆首先检查闪光继电器是否损坏，如果损坏则更换新的闪光继电器 ◆转向灯电路与其他电路是否存在短路故障 ◆危险警告灯开关内部是否存在故障等，如果损坏则更换新的危险警告灯开关
灯泡频繁烧坏	灯泡频繁烧坏的主要原因是发电机的电压调节器故障，使发电机输出电压过高或灯光系统线路短路、灯泡与灯座接触不良，应进行如下检查 ◆使用万用表检查发电机的发电量（电压）是否正常，如果电压过高，应更换电压调节器 ◆检查灯光系统线路是否出现短路的情况 ◆检查灯泡与灯座是否出现接触不良的情况
汽车制动灯工作不正常	◆如果一侧制动灯亮而另一侧制动灯不亮，应先检查不亮一侧的制动灯灯泡是否烧坏，灯座处插头上的电压是否正常。若均良好，再检查搭铁线是否良好，灯泡与灯座接触是否良好 ◆如果两侧的制动灯均不亮，应先检查制动灯熔丝是否烧断。若良好，再检查制动灯开关处供电电压是否正常。若供电电压正常，则拆下制动灯开关处的两导线并连接在一起，此时若制动灯亮，说明制动灯开关损坏，应予以更换；若制动灯仍不亮，则应检查制动灯的灯丝是否烧坏，线束是否断路等
汽车倒车灯工作不正常	◆如果两侧倒车灯均不亮，首先检查倒车灯熔丝是否烧坏 ◆若熔丝良好，应换入倒挡，检查灯座处供电电压是否正常 ◆如果供电电压正常，应检测倒车灯灯泡是否损坏，搭铁线接触是否良好。如果供电电压为零，则应检测倒车灯开关处供电电压是否正常 ◆若正常，将倒车灯开关的两导线并连接在一起，此时，若倒车灯亮，说明倒车灯开关损坏，应更换倒车灯开关；若倒车灯仍不亮，说明倒车灯线路有断路，应修复
汽车转向灯光闪烁频率不一致	◆转向灯光闪烁频率不一致主要是由于转向灯泡功率不一样或转向灯电路出现接触不良造成的 ◆检查两边的转向灯灯泡功率是否一致，如果不一致将其更换。因为当转向灯功率较小或其中一个转向灯灯泡烧坏时，转向灯开关接通后，虽然由于线路中的总电阻增大、电流减小而使闪光继电器中的镍铬受热所需的时间有所增加，但触点闭合后通过线圈中的电流减小而使电磁力减小，于是闪光速度变快。若使用功率大的灯泡，则闪光速度变慢 ◆检查转向灯线路或插座是否出现接触不良的故障。因为当转向灯的闪光频率相同而闪光快慢不一致时，应排除闪光慢一侧线路或插座中接触不良的故障
汽车转向灯工作而危险警告灯不工作	首先检查熔丝是否断路，若良好时，应检查危险警告灯开关是否正常，相关插接件是否松脱，危险警告灯接线柱接触是否良好，并视具体情况予以更换或修理

3.灯光系统元件的更换

1　更换倒车灯灯泡

① 首先拆下后尾灯总成，然后找到倒车灯灯泡，最后将倒车灯灯泡从倒车灯灯座上拆下，如图3-84所示。

② 如图3-85所示，将新的倒车灯灯泡安装在倒车灯灯座上，然后将换挡手柄拨至倒挡为止，确保倒车灯灯泡变亮。当倒车灯灯泡变亮时，则将其装入后尾灯总成，最后将后尾灯总成安装好。如果倒车灯灯泡不亮，则排除倒车灯电路故障。

图3-84　拆卸倒车灯灯泡

图3-85　安装倒车灯灯泡

2　更换前照灯灯泡

① 打开发动机舱盖，观察前照灯背部的汽车部件布局情况，看是否有足够空间可供直接更换灯泡。

② 拧下车灯防尘盖。

③ 如图3-86所示，拔下带电源线的灯座，拔的时候注意用手按住车灯，以免损坏。

图3-86　更换前照灯灯泡

④ 松开灯座卡簧即可将车灯取出，而后重新装上新灯泡，装复的过程与拆卸的顺序相反。注意重新装上防尘盖时一定要拧好，以免前照灯受到雨水和灰尘的侵扰。

九、汽车电气系统电路的快修

1. 汽车电路基本检查及注意事项

在检测汽车电路过程中除有特殊说明外，一般不能使用指针式万用表检测汽车电控单元和传感器，应使用高阻抗的数字式万用表（阻抗应大于10MΩ/V），最好使用汽车专用数字式万用表进行检测。

连接器的操作注意事项

◆断开连接器时，先将啮合的两半紧捏在一起解开锁扣，然后按下锁爪分离连接器，如图3-87所示。

◆断开连接器时，不要拽拉线束。直接捏住连接器使其断开。

◆连接前，检查连接器无变形、损坏、松动或端子丢失。

◆连接前，持续按住直至听到“咔嗒”一声。

◆如果用数字式万用表测试连接器，则用测试笔从后面（线束侧）检查连接器。

◆如果无法从后面检查连接器，须通过连接一个辅助线束来检查。不得移动插入的测试仪探头，以免损坏端子。

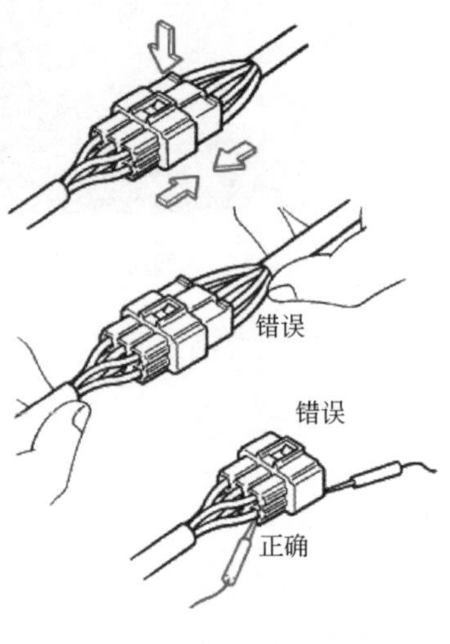

图3-87 连接器的操作注意事项

1 检查连接器

① 连接器断开时挤捏连接器以确认其完全连接和锁住。

② 连接器断开时轻轻从连接器后侧拽拉线束来检查，如图3-88所示。查找未锁定的端子、丢失的端子、松动的卷边或断掉的导线。目视检查是否有腐蚀、金属物质或杂质和水，以及弯曲、生锈、过热、污染或变形的端子。

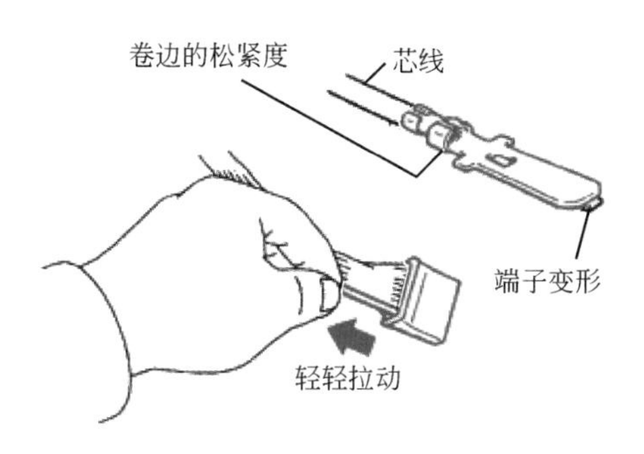

图 3-88　检查连接器

③ 检查端子的接触压力，准备备用的插头式端子。将其插入插座式端子，检查插入时以及完全进入后，是否有足够的压力，如图 3-89 所示。

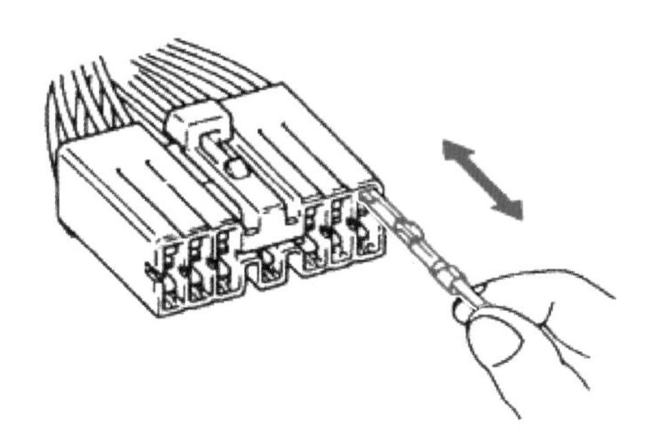

图 3-89　检查端子的接触压力

注意：必须使用镀金插头式端子来测试镀金插座式端子。

2　连接器端子的修理方法

① 如图 3-90 所示，如果端子上粘有异物，则用空气枪或布清洁触头。切勿用磨砂纸摩擦触头，这样会刮掉电镀层。

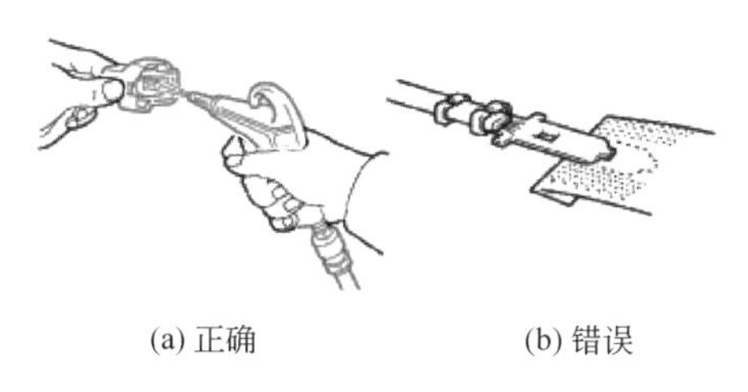

(a) 正确　　(b) 错误

图 3-90　连接器端子的修理方法

② 如果有异常接触压力，则应更换插座式端子。如果插头式端子有镀金层（金色），则使用镀金插座式端子；如果为镀银层（银色），则使用镀银插座式端子。

③ 如果须更换已损坏、变形或腐蚀的端子，若端子没有同壳体锁定，则需要更换壳体。

2.汽车电路断路（开路）的检测

如图3-91所示，汽车电路有断路故障，可用检测电阻或电压的方法来确定电路的断路部位。

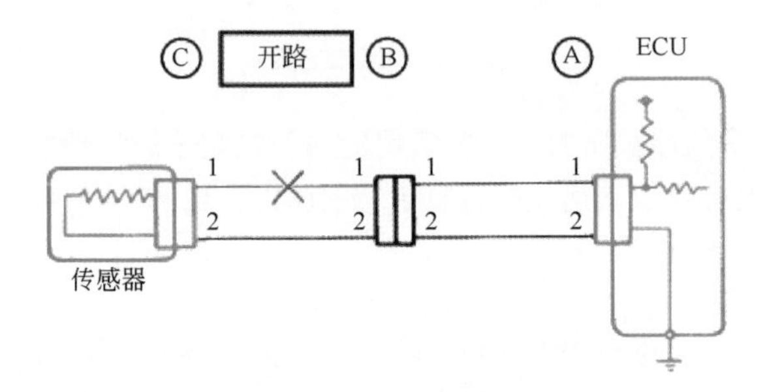

图3-91　断路检查线路

1　检测电阻的方法

① 断开连接器Ⓐ和Ⓒ，测量连接器端子之间的电阻，如图3-92所示。若连接器Ⓐ端子1与连接器Ⓒ端子1之间电阻为∞，则它们之间存在断路（开路）。若连接器Ⓐ端子2与连接器Ⓒ端子2之间电阻为0，则它们之间导通（无断路）。

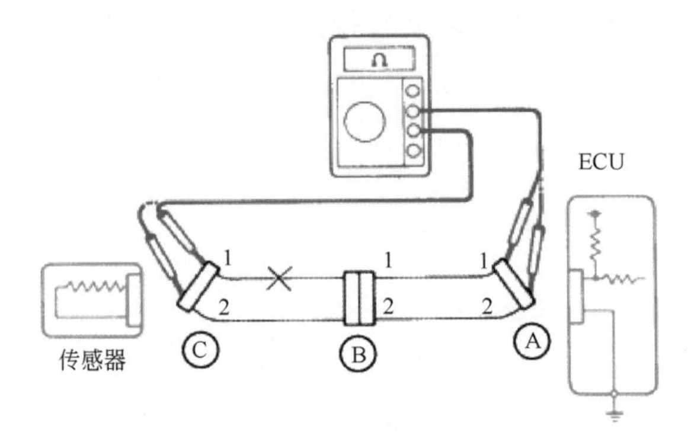

图3-92　检测连接器Ⓐ和Ⓒ的电阻

② 断开连接器Ⓑ，并测量连接器Ⓐ与Ⓑ、Ⓑ与Ⓒ之间的电阻值，如图3-93所示。若连接器Ⓐ端子1与连接器Ⓑ端子1之间电阻为0，而连接器Ⓑ端子1与

连接器Ⓒ端子1之间电阻为∞，则连接器Ⓐ端子1与连接器Ⓑ端子1之间导通，而连接器Ⓑ端子1与连接器Ⓒ端子1之间有断路故障。

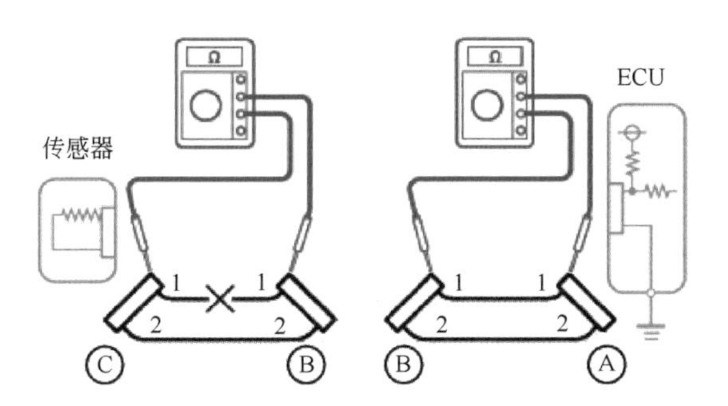

图3-93 测量连接器Ⓐ与Ⓑ、Ⓑ与Ⓒ之间的电阻值

2 检测电压的方法 在ECU连接器端子施加有电压的电路中，可以通过电压来检查断路（开路）。在各个连接器都处于连接的状态下，ECU输出端子电压为5V的电路中，如果依次测量连接器Ⓐ端子1、连接器Ⓑ端子1和连接器Ⓒ端子1与车身（搭铁）之间的电压（图3-94），测得的电压值分别为5V、5V和0，则可判断在Ⓑ端子1和Ⓒ端子1之间有线路断路故障。

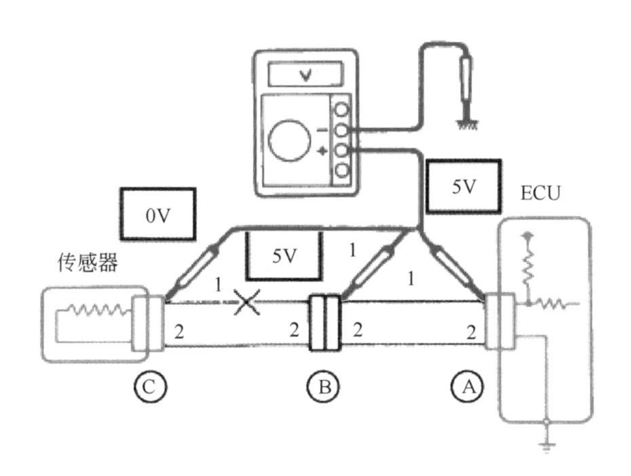

图3-94 分别检测连接器Ⓐ~Ⓒ端子1的电压

3.汽车电路短路的检测

① 如图3-95所示，如果线束接地短路，可通过车身接地的电阻来查明短路的部位。

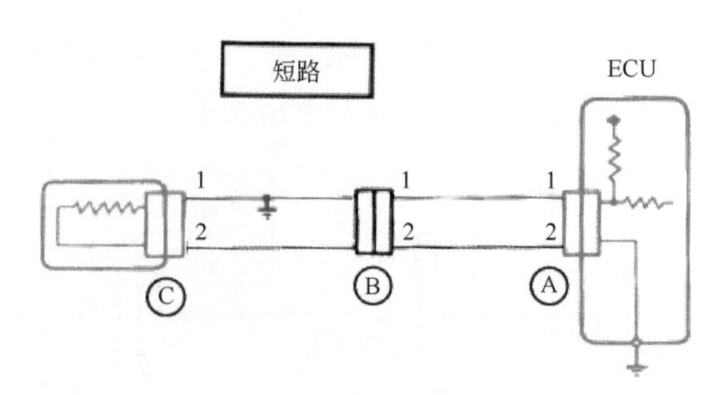

图 3-95　线束接地短路

② 断开连接器Ⓐ和Ⓒ，测量连接器Ⓐ端子 1 和Ⓐ端子 2 与车身之间的电阻，如图 3-96 所示。如果测得的电阻值分别为 0 和 ∞，则连接器Ⓐ端子 1 与连接器Ⓒ端子 1 和车身之间有短路故障。

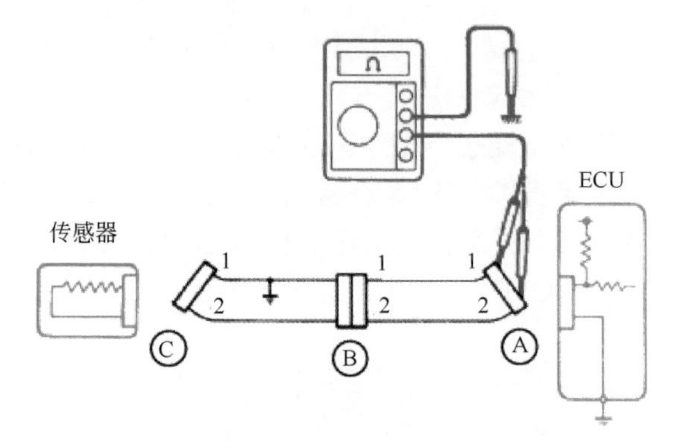

图 3-96　测量有无短路

③ 断开连接器Ⓑ，分别测量连接器Ⓐ端子 1 和连接器Ⓑ端子 1 与车身（搭铁）之间的电阻值，如图 3-97 所示。如果测得的电阻值分别为 ∞ 和 0，则可以判定连接器Ⓑ端子 1 与连接器Ⓒ端子 1 之间的线路与车身之间有短路（搭铁）故障。

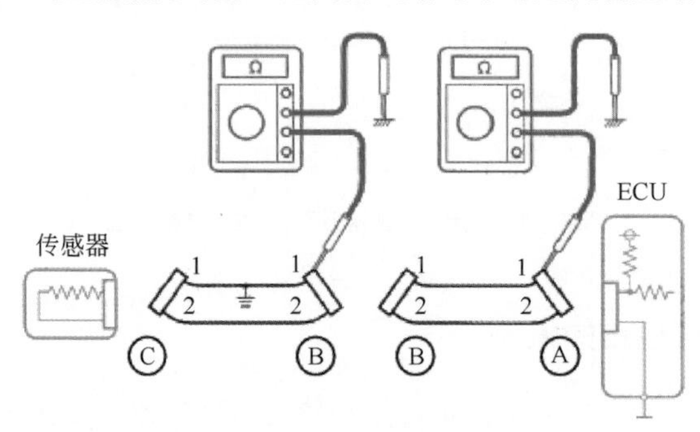

图 3-97　测量短路位置

项目十一 汽车轮胎的检查与维护

一、轮胎外观检查

轮胎外观检查步骤如下。

① 如图3-98所示，检查轮胎是否出现老化的现象，当轮胎橡胶发硬且出现裂纹等异常情况必须更换。

图3-98 轮胎外观检查

② 检查轮胎是否存在鼓泡、刮伤、顶裂、变形等异常情况。

③ 定期检查轮胎气压使其在规定的范围内。此外，还要清理干净轮胎花纹中石子、杂物等。

④ 检查轮胎花纹磨耗状况。当轮胎磨损至磨损指示标志时必须更换轮胎。

⑤ 测量轮胎花纹的深度，如果轮胎花纹深度小于1.6mm，说明轮胎磨损到极限，必须更换轮胎。

二、轮胎胎压检查

① 汽车轮胎的生产制造商对汽车的胎压都是有规定的，其标准值一般位于驾驶室的门旁边，所有轮胎的胎压都应该参考这个汽车胎压铭牌（图3-99）。

图3-99 汽车胎压铭牌

② 使用胎压计测量汽车轮胎胎压。首先打开轮胎的气门芯螺帽，然后把胎压计的测量头插在气门芯上（图3-100），注意插在气门芯上的时候要均匀，否则将会出现漏气的情况，这会影响测量的准确性。

图3-100 将胎压计的测量头插在气门芯上

③ 把胎压计测量出的数据和汽车制造商规定的数据做对比，看胎压是否准确，如果胎压不足，则要补充充气。

④ 继续测量剩余三个轮胎的胎压，看胎压是否准确，如果胎压不足，则要补充充气。

三、车轮的拆卸与安装

1. 车轮的拆卸

① 检查并确认驻车制动器已经拉起。

② 使用合适的工具对角多次拧松车轮的固定螺栓。
③ 将车辆举升至合适的高度。
④ 拆卸车轮的固定螺栓。
⑤ 取下车轮。

2. 车轮的安装

① 安装车轮到车辆上，用手旋入固定螺栓。
② 使用合适的工具预紧车轮螺栓。
③ 将车辆降低至轮胎着地。
④ 如图 3-101 所示，使用扭力扳手将车轮螺栓紧固至 140N · m。
⑤ 将车辆移出举升机工位。

图 3-101 紧固车轮螺栓

四、快速补胎

修补轮胎前首先检查扎了钉子的位置是否漏气，可以使用泡沫水滴在扎钉子的位置，然后观察是否冒泡。如果没有冒泡，说明轮胎没有扎透，此时只要小心地把钉子取出来就可以继续使用；如果已经冒泡，就要进行轮胎的修补。快速补胎的方法主要有以下几种。

1. 外补胶条修补轮胎

外补胶条也称为“牛筋”，这种补胎方式的特点就是方便快捷，但是只能修补较小的钉孔。具体的修补方法如下。

① 准备一个锥子，然后对泄漏的钉孔进行修整。

② 如图3-102所示，用一根外补胶条穿过专用工具尖端的一个小孔，然后连针带外补胶条扎入漏孔，确认外补胶条2/3长度都扎进去后，旋转手柄一圈，使胎内的外补胶条与轮胎内密封。

图3-102　外补胶条修补轮胎

③ 小心地拔出专用工具，将外补胶条留在漏孔内。

④ 使用剪刀小心地修剪外补胶条露出的部分，然后对其进行充气检查，确保无泄漏；如果存在泄漏，则必须拆下轮胎，使用其他方法进行修补，必要时更换新的轮胎。

2. 使用火补修补轮胎

① 首先拆开轮胎，使用打磨机把漏孔附近的气密层橡胶磨掉，直到清晰地看到钢丝层为止。

② 剪一片热补胶片，大小与钢丝层露出面积相符，然后在打磨过的区域上涂上热补胶水，并把热补胶片贴到轮胎气密层上，然后用拇指压紧，如图3-103所示。

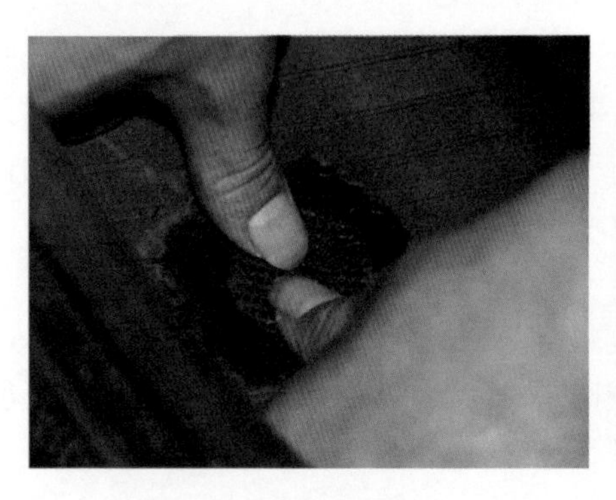

图3-103　粘贴热补胶片

图3-104　加热压紧热补胶片

③ 在热补胶片上铺一层报纸，防止使用熨斗对热补胶片加热时，橡胶熔化而粘到熨斗上。

④ 使用电加热的轮胎热补工具，把贴上去的热补胶片加热压紧3min，如图3-104所示。

⑤ 拆下轮胎热补工具，然后涂上水，冷却热补胶片，并取下多余的报纸。

⑥ 检查修补区域，确保正常后将其安装到车轮上。

3. 粘贴修补轮胎

① 首先拆开轮胎，然后使用打磨机把漏孔附近的气密层橡胶磨掉，使气密层变得粗糙。

② 使用清洁剂对打磨区域进行清洗。

③ 在打磨的区域涂上常温硫化剂。

④ 如图3-105所示，准备好冷补胶片，然后贴在漏孔处并用滚轮在它上面来回滚压，使冷补胶片和气密层黏合得更紧密。

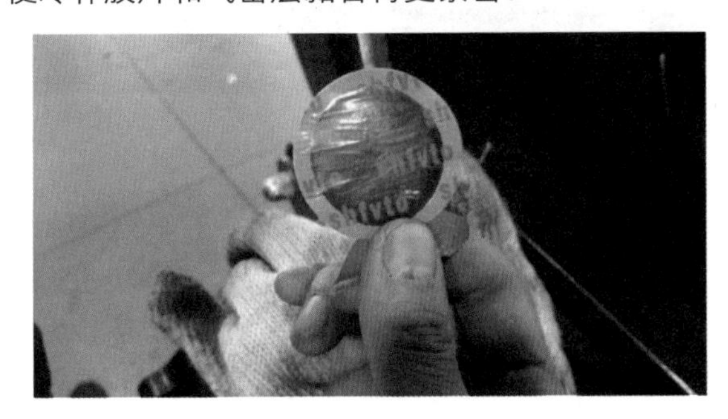

图3-105　贴上冷补胶片

⑤ 如图3-106所示，撕掉冷补胶片上的塑料膜，然后在修补处均匀涂抹上一层专用的修复剂。最后检查修补区域，确保正常后将其安装到车轮上。

图3-106　贴冷补胶片的效果

五、轮胎的更换

1.拆卸轮胎

① 如图3-107所示，旋出轮胎气门芯，释放轮胎内的空气。

② 清理掉轮辋上的旧平衡块。

③ 将轮胎摆放在扒胎机侧面，调整轮胎与分离铲的位置，使分离铲置于轮胎胎圈与轮辋边缘之间，如图3-108所示。挤压轮胎时，分离铲要靠近胎胶皮侧，防止轮辋损伤。

图3-107　旋出轮胎气门芯

图3-108　分离轮胎与轮辋

④ 踩下压胎踏板，分离铲开始挤压轮胎，直到轮胎胎圈离开轮辋边缘为止，然后转动轮胎，调整轮胎挤压部位。如此反复操作，使轮胎胎圈全部脱离轮辋边缘。操作时，一只手扶住分离铲手柄，使分离铲的位置保持不变；另外一只手扶住轮胎，防止轮胎滚动，避免轮辋损坏。

⑤ 用同样的方法拆卸轮胎侧面，使轮胎两侧均脱离轮辋边缘。

⑥ 将轮胎平放到扒胎机装盘的夹钳上。

⑦ 双手扶住轮胎，踩下夹钳踏板，使夹钳张开夹住车轮，确保车轮卡紧。

⑧ 检查扒胎机拆装头与轮辋之间的间隙，将撬杠插入轮胎胎圈与轮辋之间，下压撬起胎圈，将胎圈搭于拆装头上（图3-109）。

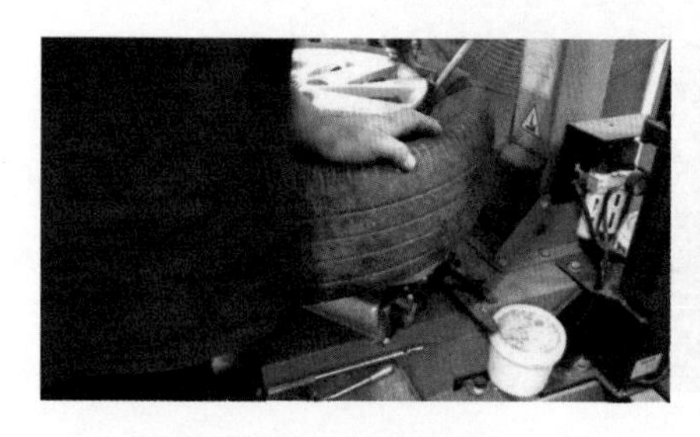

图3-109　拆卸正面胎圈

图3-110　拆卸反面胎圈

⑨ 双手扶住轮胎两侧，踩下转动踏板，同时抽出撬杠，使胎圈与轮辋分离。

⑩ 使用撬杠以同样方法抬起反面胎圈，然后踩下旋转踏板，拆卸轮胎，如图3-110所示。

⑪ 松开锁止按钮，松开扒胎机拆装头，踩下踏板，将拆装头推离轮胎。

⑫ 取下轮胎，如图3-111所示。

图3-111 取下轮胎

2. 安装轮胎

① 在轮胎胎圈处均匀抹上肥皂水，如图3-112所示。

② 将轮胎放在轮辋之上，下压轮胎一端，使轮胎胎圈装于轮辋边沿上，正确调整并安装扒胎机拆装头，确认调好后，锁止拆装头。

③ 将轮胎下胎圈正确地固定到拆装头上。

④ 如图3-113所示，用手扶住轮胎并将其下压，然后踩下转动踏板，转盘顺时针旋转，将轮胎下胎圈装入轮辋内。

图3-112 抹上肥皂水

图3-113 将轮胎下胎圈装入轮辋内

⑤ 倾斜轮胎，并将轮胎上侧部分胎圈压入轮辋边沿。双手扶住轮胎并将其下压，然后踩下转动踏板，转盘顺时针旋转，将轮胎上胎圈装入轮辋内，如图3-114所示。

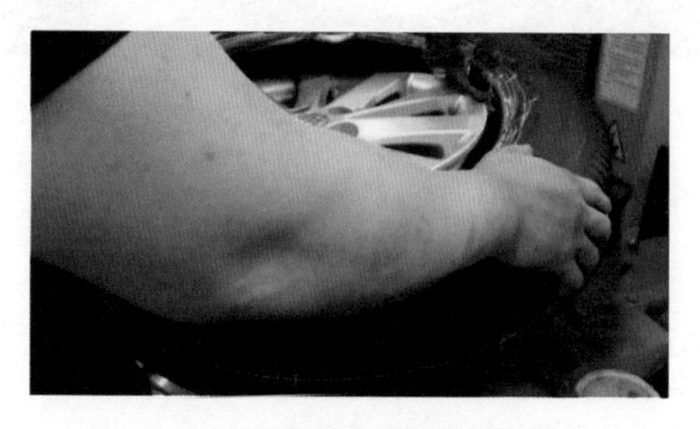

图3-114 将轮胎上胎圈装入轮辋内

⑥ 松开锁止按钮，松开扒胎机拆装头。

⑦ 使用气压表根据轮胎气压标准值给轮胎充气，如图3-115所示。

图3-115 给轮胎充气

⑧ 安装气门芯螺帽。

⑨ 踩下锁止踏板，取下车轮。

⑩ 在轮胎气门芯及胎圈处均匀涂上泡沫水，检查轮胎有无漏气。

汽车车轮动平衡与定位

一、车轮动平衡

① 清除待测轮胎及车轮上的泥土、石子等杂物，使用平衡钳取下旧平衡块。

② 检查轮胎气压，若不符合规定，应调整胎压至标准值。

③ 根据轮辋中心孔的大小选择锥体，仔细地装上车轮，然后用大螺距螺母上紧车轮，如图3-116所示。

图3-116　将车轮固定在动平衡机上

④ 打开动平衡机电源。

⑤ 根据轮辋形状，在操作面板上选择合适的轮辋。

⑥ 拉出测量尺测量轮胎边距，读出具体数据并输入动平衡机。

⑦ 如图3-117所示，用轮辋宽度测量尺测量车轮轮辋宽度，并输入动平衡机。

图3-117　测量车轮轮辋宽度

⑧ 查看轮胎侧面的轮辋直径，并输入动平衡机。

⑨ 按下启动开关，车轮旋转动平衡测试开始。

⑩ 车轮自动停转或听到“滴滴”声后，查看所测车轮的动不平衡数据，如图3-118所示。

图3-118　读取动不平衡数据

⑪ 转动车轮到达内侧不平衡点，此时该不平衡点指示灯亮，并用手扶住车轮，在车轮轮辋左侧内侧12点位置，根据测量到的不平衡量，装上相应质量的平衡块，如图3-119所示。

图3-119　装上相应质量的平衡块

⑫ 重新进行动平衡测试，直至不平衡量 < 5g，即平衡机显示面板显示0或OK为合格（图3-120），否则需要加装平衡块进行调整，直到显示不平衡量 < 5g为止。

图3-120　平衡机显示面板显示0

⑬ 取下大螺距螺母。

⑭ 取下车轮。

⑮ 取下轮辋中心的锥体。

⑯ 关闭动平衡机电源。

二、汽车四轮定位 

1.车辆的检查

1 停放车辆　首先确保转盘定位销锁在上转盘，然后将汽车驶入四轮定位仪上，同时要确保前轮放在转盘正中（图3-121），后轮置于滑板上。拉紧手制动器，在后轮前后放置防滑器。

图3-121　前轮放在转盘正中

2 检查轮胎胎压　轮胎胎压的高低会影响到四轮定位的检测结果，所以在做四轮定位之前要确保轮胎胎压在标准范围内。

3 检查轮胎花纹深度　4个轮胎的花纹深度如果相差过大，也会影响四轮定位的检测结果，如果有轮胎的花纹深度不符合要求，需要更换轮胎后再进行四轮定位。

4 检查车辆底盘　首先安全地举升车辆至一定高度，然后检查转向机横拉杆球头是否松动、横拉杆有无弯曲或损坏、悬架系统是否变形、底盘是否有碰撞等情况，最后降下车辆但不全降到底，如图3-122所示。

图3-122　降下车辆但不全降到底

注意：转向机横拉杆球头如有松动、变形，将会影响四轮定位检测结果，需要更换后再进行检测调整。

2. 定位测量

1 安装专用夹具及目标靶　如图3-123所示，分别将4个专用夹具及目标靶装在轮毂上，然后检查是否安装牢固，最后将转盘定位销拔出。

图3-123　安装专用夹具及目标靶

注意：专用夹具可由内向外卡，也可将星形卡爪反过来由外向内卡。

2　偏位补偿　根据计算机的提示，进行偏位补偿操作。

3　车轮定位检测

① 根据四轮定位仪提示，将转向盘转到绿色位置，稳住转向盘，直到下一个提示出现。

② 安装制动踏板锁止机构。

③ 调整传感器的水平位置。

④ 继续根据四轮定位仪的提示操作，直到出现前轮前束数据（图3-124），从该车前轮前束数据得知该车是否需要调整。

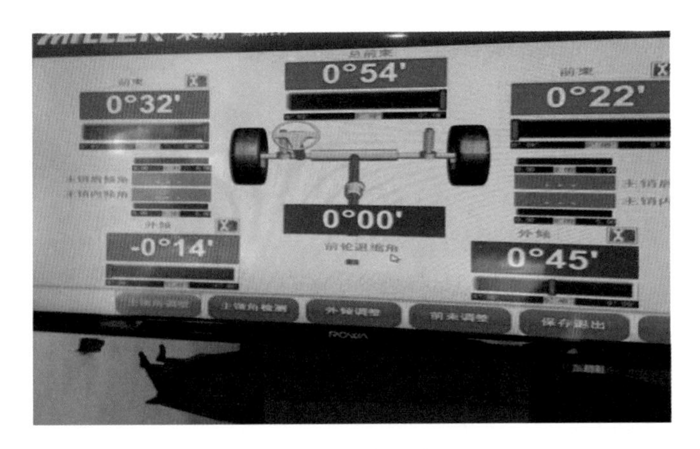

图3-124　前轮前束数据

3.定位调整

1　前轮前束调整　如果确认车轮外倾角数据合格，但前轮前束数据显示不合格，则需要进行前轮前束调整，调整步骤如下。

① 拆下2个防尘套卡子。

② 使用19mm开口扳手和19mm油管扳手配合松开横拉杆锁紧螺母。

③ 如图3-125所示，使用19mm和15mm开口扳手配合，将左前轮前束按照屏幕标准数据调整到公差范围内。

④ 使用19mm和15mm开口扳手配合，将右前轮前束按照屏幕标准数据调整到公差范围内。

图3-125 前轮前束调整

⑤ 使用19mm开口扳手和19mm油管扳手将左、右横拉杆的锁紧螺母锁紧。

⑥ 安装好2个防尘套卡子。

2 前轮外倾角调整 如果前轮外倾角数据不合格，则需要进行前轮外倾角调整，调整步骤如下。

① 拆下前轮。

② 拆下前减振器下侧的2个螺母。

③ 按所需的调整方向将前桥轮毂推到底或拉到底。

④ 拧紧螺母并安装好前轮。

⑤ 检查外倾角。如果不在规定的公差范围内，则需要继续重新调整，最后将前轮前束调整到合格范围。

4. 结束工作

1 打印检测报告 车辆检测调整完毕后打印检测报告，然后退出车辆定位程序，关闭计算机电源。

2 收拾工具 拆下4个专用夹具及目标靶，降下车辆，锁好转盘和滑板的锁止销，再将车辆驶离四轮定位台。

注意：如不锁好转盘和滑板的锁止销，汽车驶离四轮定位台容易损坏转盘和滑板。

底盘重要部件的快修作业

一、减振器

当车架与车桥做往复相对运动时，减振器中的活塞在缸筒内也做往复运动，减振器壳体的油液便反复地从一个内腔通过一些窄小的孔隙流入另外一个内腔。此时，孔壁与油液间的摩擦及液体分子内摩擦便形成对振动的阻尼力，使车身和车架的振动能量转化为热能，而被油液和减振器壳体所吸收，然后散发到大气中。减振器的阻力的大小随车架与车桥的相对速度的增减而增减，并且与油液黏度有关，所以要求减振器所用油液的黏度受温度变化的影响尽可能小，且具有抗氧化以及对各种金属和非金属零件不起腐蚀作用等性能。减振器的零部件如图3-126所示。

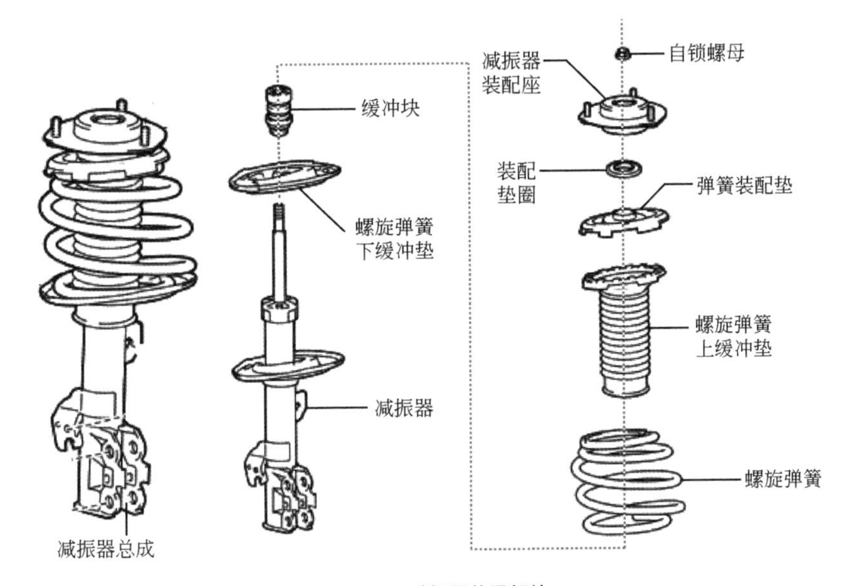

图3-126　减振器的零部件

1.减振器的检查

1 就车检查方法

① 查看减振器是否有漏油的情况，如果出现漏油，则应更换减振器。

② 使汽车在道路条件较差的路面上行驶后停车，用手摸减振器外壳，如果不够热，说明减振器内部无阻力，减振器不工作。此时，可加入适当的润滑油，再进行试车，若外壳发热，则为减振器内部缺油，应更换减振器。

③ 用力按下保险杠，然后松开，如果汽车有2～3次跳跃，则说明减振器工作良好；否则说明减振器失效。

④ 当汽车缓慢行驶而紧急制动时，若汽车振动比较剧烈，说明减振器有故障，应更换减振器。

2 车下检查方法　拆下减振器，用手按压减振器，检查减振器在整个工作行程内压缩和伸展是否顺畅（图3-127）。释放压缩力时，减振器应该始终伸展顺畅。若伸展不顺畅，则表明减振器漏气，应更换减振器。

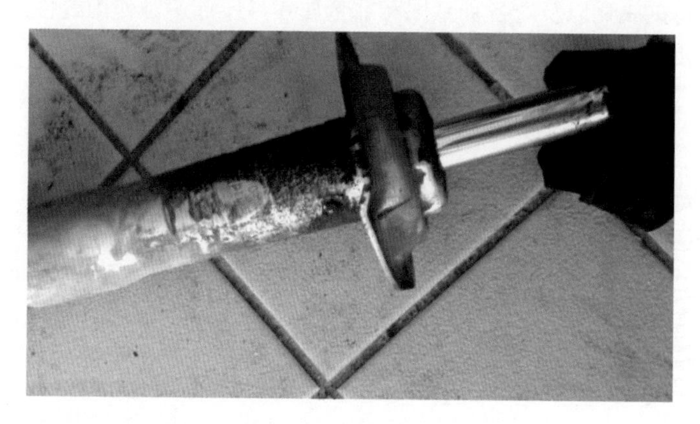

图3-127　检查减振器

2. 减振器的更换

以前减振器为例，更换减振器的步骤如下。

1 拆卸减振器

① 首先拆卸车轮，然后拆下减振器夹紧螺栓，最后从减振器顶部拆卸减振器装配螺母，如图3-128所示。

② 如图3-129所示，从减振器顶部拉出减振器总成，注意不要刮花车身。然后用撬棍从减振器夹中撬松减振器总成，最后将它从减振器夹中取出。

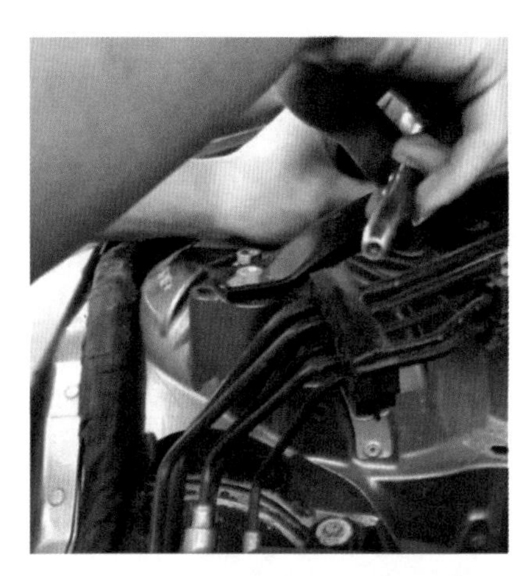

图3-128 拆卸减振器装配螺母

图3-129 拉出减振器总成

2 拆解减振器总成

① 将减振器总成放置在减振器弹簧拆装器上，然后找好减振器总成中心位置，最后将减振器总成锁紧，如图3-130所示。

图3-130 锁紧减振器总成

图3-131 拆下减振器装配垫圈

② 顺时针转动手柄，压缩减振器总成的螺旋弹簧。

③ 用气动工具拆下自锁螺母。拆下螺母时，切勿用力压螺旋弹簧。

④ 从减振器总成上取下减振器装配座。

⑤ 如图3-131所示，拆下减振器装配垫圈，然后用铁棍敲击弹簧装配垫将泥块清理干净。

⑥ 逆时针转动手柄，松开减振器弹簧。

⑦ 拆下弹簧装配垫及缓冲垫，然后取下减振器弹簧，如图3-132所示。

⑧ 将减振器弹簧拆装器的锁紧手柄松开，然后取下旧减振器，如图3-133所示。

图3-132　取下减振器弹簧

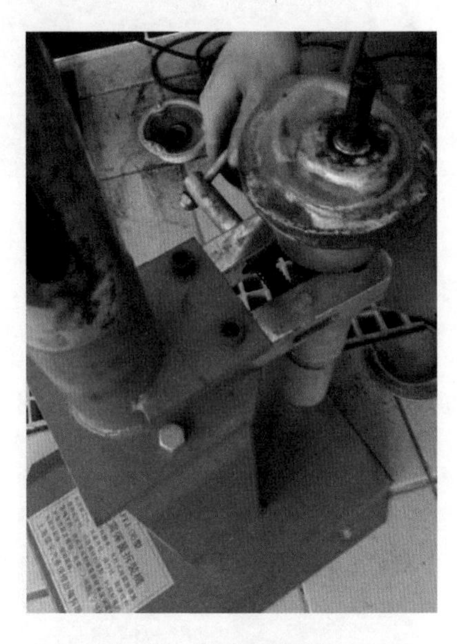

图3-133　取下旧减振器

3　组装减振器总成

① 将新的减振器锁紧在减振器弹簧拆装器上，如图3-134所示。

② 在下部装配座上装上缓冲垫，然后在缓冲垫上涂抹一层润滑脂。

③ 将减振器弹簧装入新的减振器中。

④ 在弹簧装配垫的缓冲垫上涂抹一层润滑脂。

⑤ 将缓冲垫和弹簧装配垫一起装在减振器弹簧顶部，如图3-135所示。

⑥ 装入减振器装配垫圈。

⑦ 调整减振器中心位置，然后转动手柄，压缩减振器弹簧。

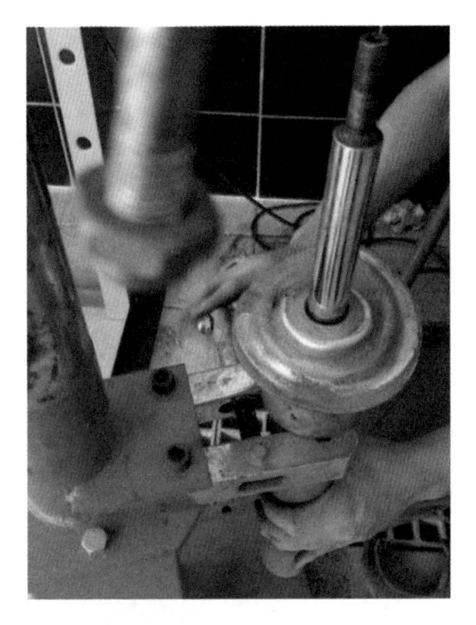

图3-134　锁紧新的减振器

图3-135　安装缓冲垫和弹簧装配垫

⑧ 如图3-136所示，插入内六角扳手，用力向上拉新减振器轴，然后转动手柄继续压缩减振器弹簧，直到减振器轴露出弹簧装配垫外。

⑨ 在减振器装配座内的轴承上涂抹润滑脂。

⑩ 拔出内六角扳手，然后装入减振器装配座，如图3-137所示。安装时要确保减振器装配座上的突出部位的角度与减振器底部的校准锁片对齐。

图3-136　往上拉减振器轴

图3-137　装入减振器装配座

⑪ 如图3-138所示，小心地放入自锁螺母，然后用套筒将自锁螺母拧入减振器螺纹3～4圈。

⑫ 如图3-139所示，用气动工具将自锁螺母锁紧，然后转动手柄，释放弹簧压力。

⑬ 将减振器弹簧拆装器的锁紧手柄松开，然后取下减振器总成。

图3-138　拧入自锁螺母

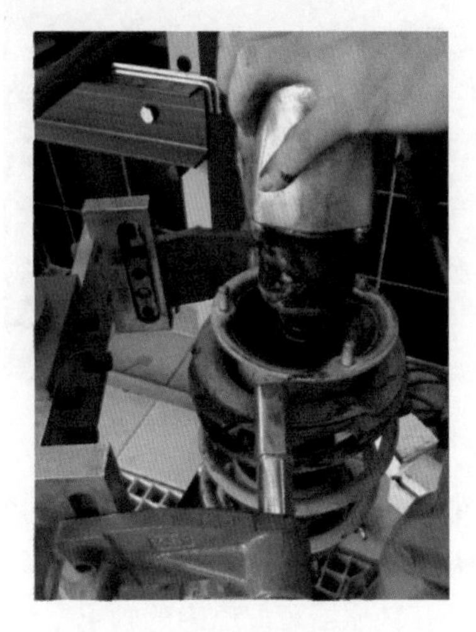

图3-139　锁紧自锁螺母

4　安装减振器

① 如图3-140所示，将减振器总成插入减振器夹中，使校准锁片朝内。

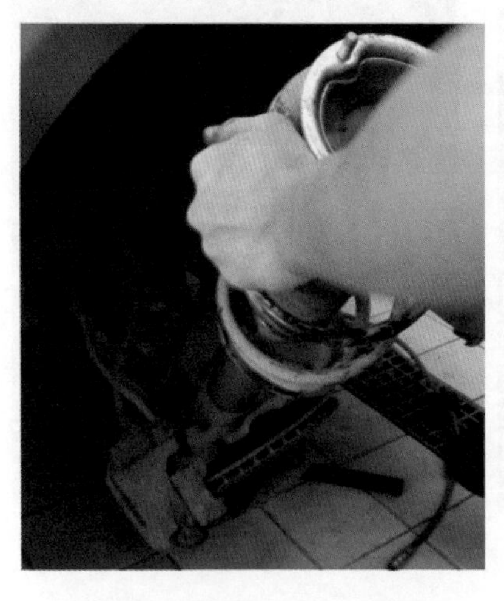

图3-140　减振器总成插入减振器夹

图3-141　拧紧减振器的装配螺栓

② 将减振器总成安装在车身上，注意不要划伤车身。

③ 将千斤顶放置在下臂之下，并举升悬挂使减振器总成的螺栓与车身的安装座对位。

④ 安装好减振器总成顶部的装配螺母，然后以规定的扭矩拧紧。

⑤ 安装好减振器与减振器夹装配螺栓，最后用扭力扳手以规定的扭矩拧紧，如图3-141所示。

二、下摆臂

1. 下摆臂的检查

如图3-142所示，使用撬杠撬动底盘所有摆臂和撑杆件，观察它们是否有不正常的噪声和松动，如果存在异常则更换新件。此外，检查所有摆臂和撑杆件球头防护套是否出现老化、损坏、裂纹，以及防护套内是否有润滑脂泄漏。如果某个球头的防护套出现润滑脂泄漏，则需更换该球头或总成件；如果某个球头的防护套没有滑脂泄漏，而是出现老化和裂开，则更换新的球头防护套，必要时更换总成件。

图3-142　下摆臂的检查

2. 下摆臂的更换

① 首先需要从转向节上拆卸下摆臂球头螺母，然后拆下减振器叉架装配螺母，最后取出减振器叉架装配螺栓。

② 拆下下摆臂与副车架的装配螺母，然后取出螺栓。

③ 使用撬杠将下摆臂与副车架的一端撬出。

④ 从转向节上拆下旧下摆臂，如图3-143所示。

图3-143　从转向节上拆下旧下摆臂

⑤ 如图3-144所示，将新的下摆臂的球头放入转向节内，然后将下摆臂放入下减振器叉架内，最后将下摆臂的另一端放入副车架安装孔内。

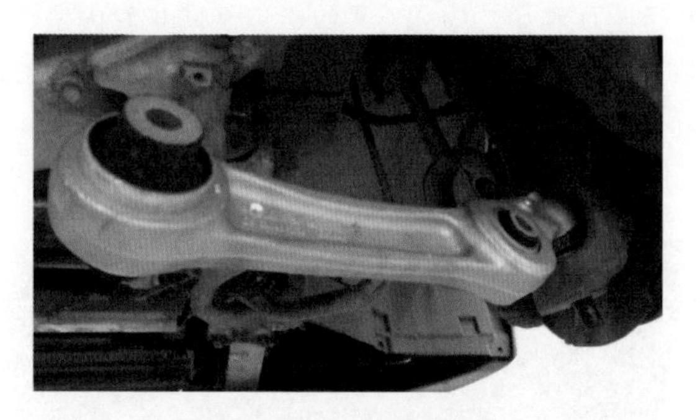

图3-144　装入新下摆臂

⑥ 穿入减振器叉架装配螺栓至下摆臂，然后装入下摆臂与副车架的装配螺栓，如图3-145所示。

图3-145　穿入减振器叉架装配螺栓

注意：穿入螺栓之前要用千斤顶顶住转向节以举升悬挂，便于安装螺栓。

⑦ 分别拧上减振器叉架装配螺栓的螺母、下摆臂球头螺母、摆臂与副车架的装配螺栓的螺母，最后将所有的螺母拧紧至规定力矩。

注意：安装转向节球头螺母时，切勿损坏球头防护套。

三、连接杆

1. 连接杆的检查

① 用手检查连接杆球头是否松动。

② 检查防尘套是否损坏。

③ 驶过减速带或不平路面时，是否会发出“咯咯”的异响。

2. 连接杆的更换

① 举升车辆前部，并使用安全支架将其支撑在适当位置。

② 拆下前车轮。

③ 使用六角扳手固定住球头销的同时，拆下自锁螺母与凸缘螺母，然后拆卸连接杆，如图3-146所示。

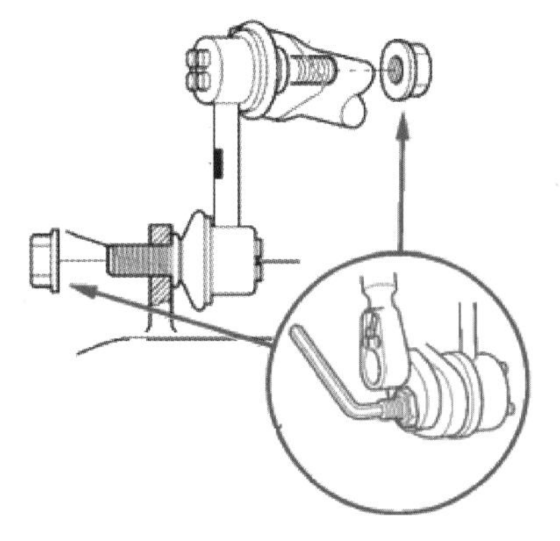

图3-146　拆卸连接杆

④ 将连接杆安装到稳定杆与下臂上，使球头销组件位于移动范围的中心。

注意：连接杆上有一个涂漆标记。左侧连接杆使用黄色涂漆标记，右侧连接杆使用白色涂漆标记。

⑤ 使用六角扳手固定住球头销的同时，安装新的自锁螺母与新的凸缘螺母，并轻轻拧紧至规定扭矩。

⑥ 清洁制动盘和车轮内侧的配合表面，然后安装前车轮。

四、转向机外球头

转向横拉杆是汽车转向机构中的重要零件，它直接影响汽车操控的稳定性、运行的安全性和轮胎的使用寿命。转向横拉杆是确保左右转向轮产生

正确运动关系的关键部件，如图3-147所示。转向主轴的球头置于球头外壳内，球头通过其前端的球头座与球头外壳的轴孔边缘铰接，球头座与转向主轴间的滚针镶在球头坐内孔面槽内，具有减轻球头磨损、提高主轴的抗拉等特点。

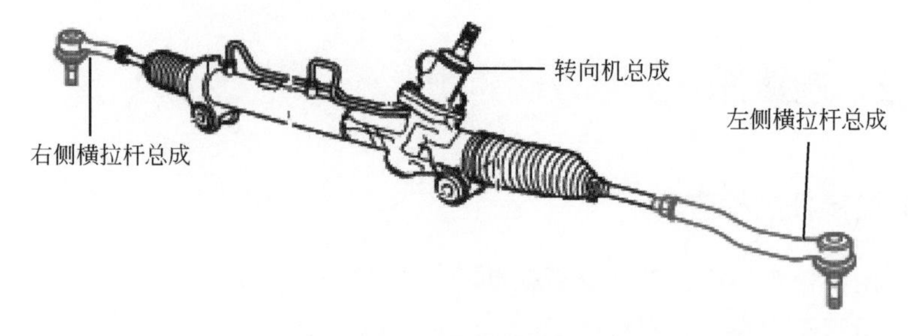

图3-147　转向横拉杆

1.检查转向机外球头

① 用手检查横拉杆球头是否松动。

② 检查防尘套是否有损坏。

③ 检查横拉杆球头是否漏油。

④ 检查横拉杆球头是否变形。

2.更换转向机外球头

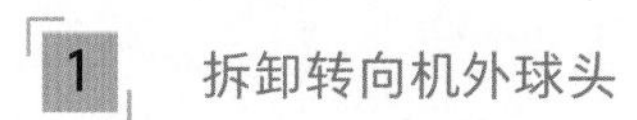

1　拆卸转向机外球头

① 让前轮朝向正前方。

② 固定转向盘，以防止其转动。这一操作可避免损坏螺旋电缆。

③ 拆卸前轮。

④ 分离左侧横拉杆总成。

◆拆下开口销和螺母。

◆用专用工具从转向节上分离左侧横拉杆球头，如图3-148所示。

注意

◆用绳挂住专用工具，以防止其坠落。

◆不要损坏前盘式制动器防尘罩。

◆不要损坏球节防尘罩。

◆不要损坏转向节。

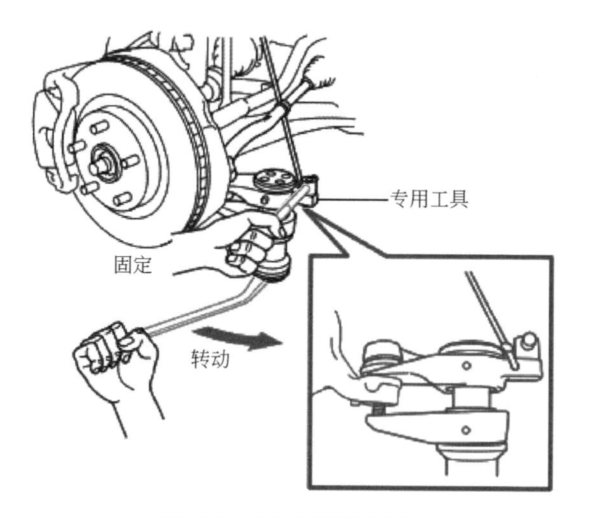

图3-148 分离左侧横拉杆球头

⑤ 拆卸左侧横拉杆总成。

◆在左侧横拉杆总成和转向机总成上做好配合标记，如图3-149所示。

◆拧松锁止螺母，拆下左侧横拉杆总成和锁止螺母。

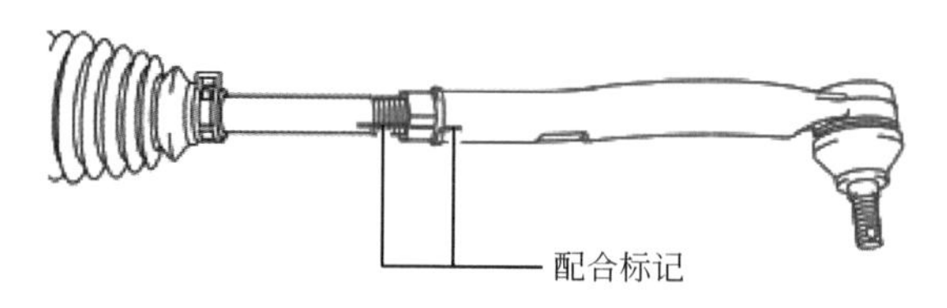

图3-149 做好配合标记

⑥ 右侧的横拉杆总成拆卸方法与左侧的横拉杆总成拆卸方法一致。

2 安装转向机外球头

① 将锁止螺母和左侧横拉杆总成安装到转向机总成，直到配合标记对准。

注意：调整完前束之后，拧紧锁止螺母。

② 连接左侧横拉杆总成。

◆用螺母将左侧横拉杆总成连接到转向节，扭矩为49N·m。

◆安装新的开口销。

◆拧紧螺母。

③ 右侧的横拉杆总成安装方法与左侧的横拉杆总成安装方法一致。

五、转向机内拉杆

1.转向机内拉杆的检查

① 检查转向机内拉杆是否损坏。

② 检查转向机内拉杆是否松旷。

2.转向机内拉杆的更换

① 拆卸转向机横拉杆总成。

② 拆卸转向机内拉杆的球头防尘套，如图3-150所示。

③ 如图3-151所示，用螺钉旋具和锤子撬出转向机内拉杆的内舌止动垫圈，然后拆下转向机内拉杆。

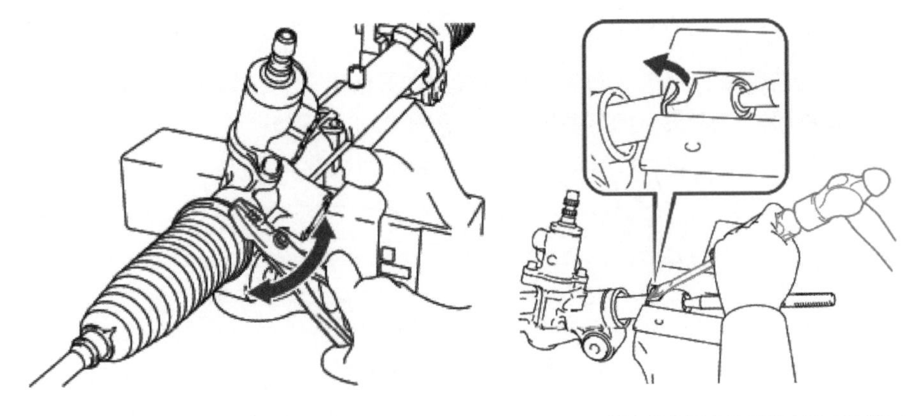

图3-150　拆卸转向机内拉杆的球头防尘套　　图3-151　撬出转向机内拉杆的内舌止动垫圈

④ 安装上新的转向机内拉杆，然后用铜棒和锤子锁紧2个内舌止动垫圈，如图3-152所示。

⑤ 确保转向机内拉杆球头的孔没有堵塞润滑脂，如图3-153所示。

注意：如转向机内拉杆球头的孔被堵塞，则在装配后，当转向盘转动时，会使防护套内的压力发生变化。

⑥ 在转向机内拉杆护套的小开口内涂抹硅润滑脂。

⑦ 将转向机内拉杆护套安装好。

⑧ 安装好转向机横拉杆总成。

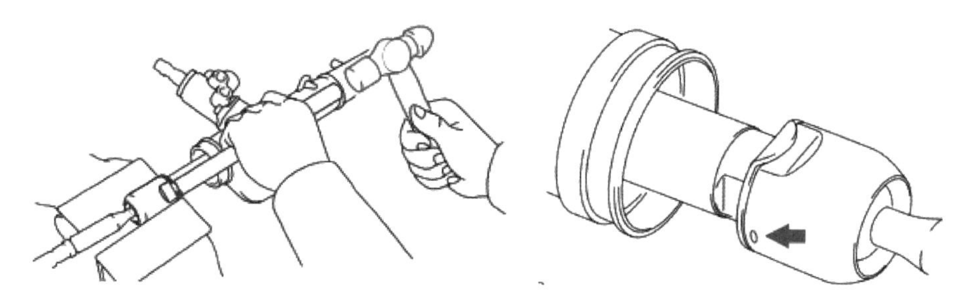

图3-152 安装上新的转向机内拉杆

图3-153 检查转向机内拉杆球头的孔

六、传动轴及其防尘套

传动轴（图3-154）是汽车传动系统中传递动力的重要部件，它的作用是与变速器、驱动桥一起将发动机的动力传递给车轮，使汽车产生驱动力。

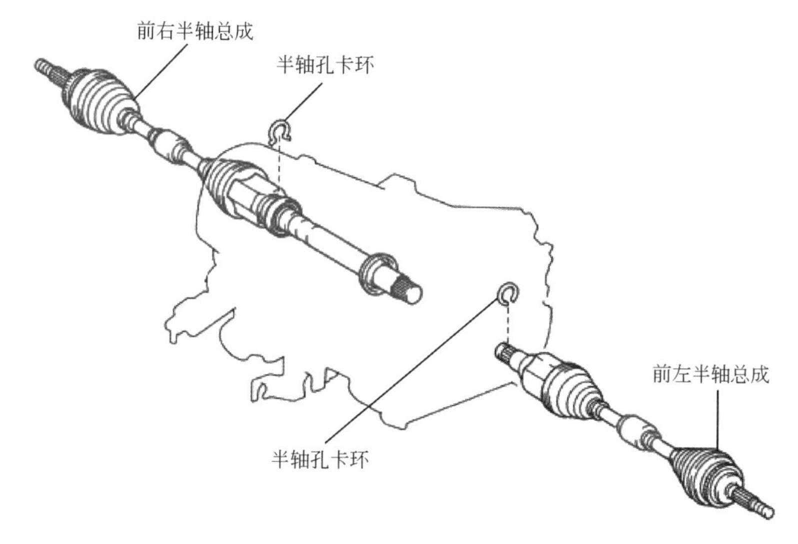

图3-154 传动轴

1.传动轴的检查

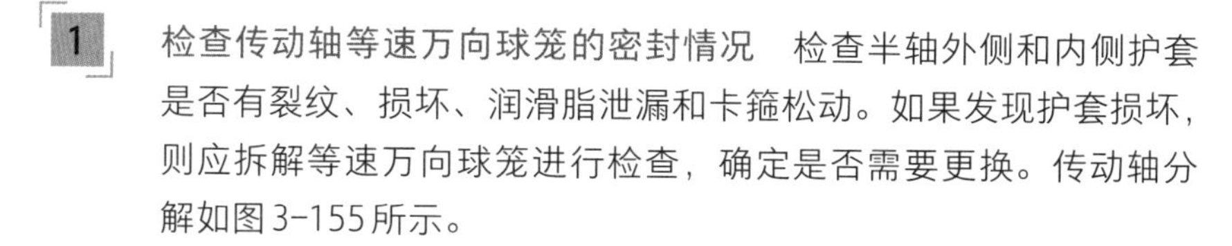

1 检查传动轴等速万向球笼的密封情况 检查半轴外侧和内侧护套是否有裂纹、损坏、润滑脂泄漏和卡箍松动。如果发现护套损坏，则应拆解等速万向球笼进行检查，确定是否需要更换。传动轴分解如图3-155所示。

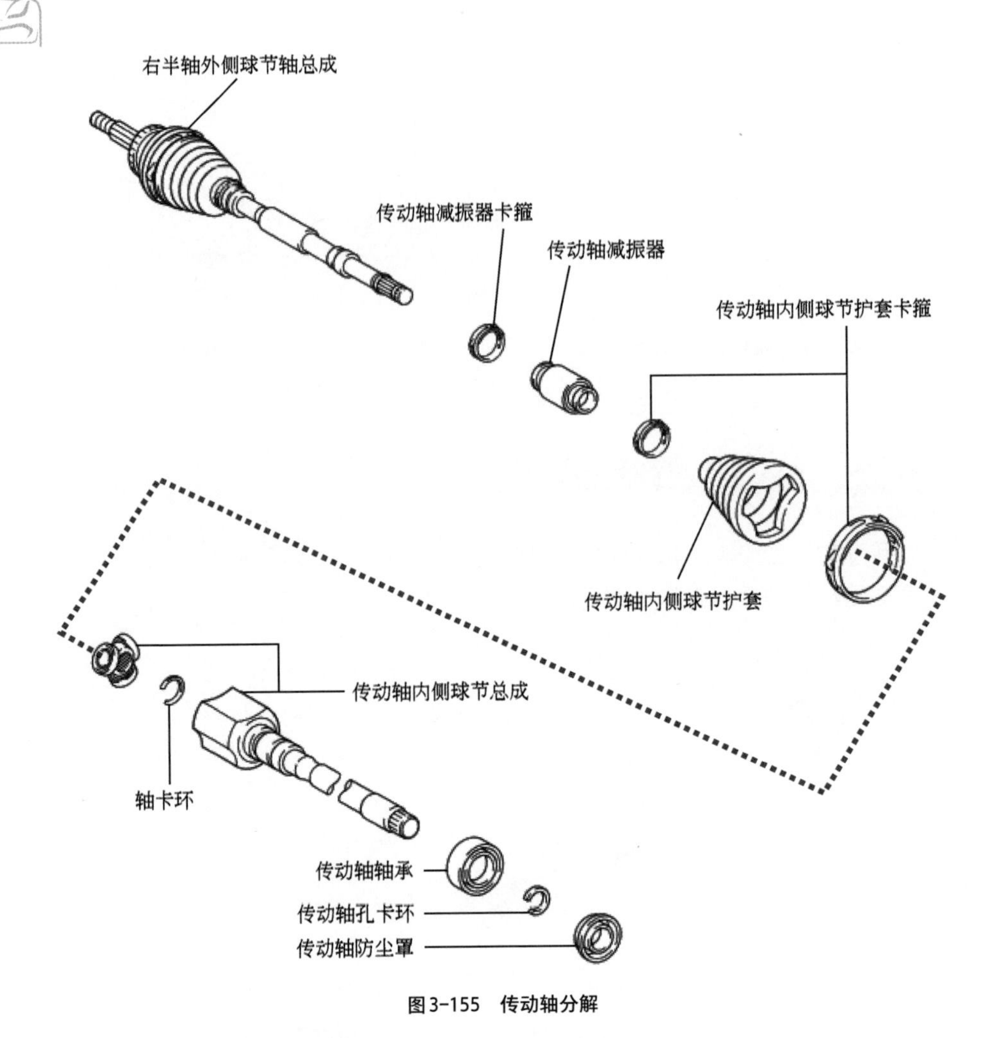

图 3-155　传动轴分解

2 检查传动轴的技术状况　传动轴在使用中如果出现异响，通常为万向联轴器缺少润滑油或者万向联轴器内球笼损坏，应拆检传动轴，必要时更换传动轴总成。

2. 传动轴防尘套的更换

① 使用一字旋具撬开锁片，拆下护套卡箍。此外，也可以用砂轮机打磨掉防护套卡箍。

② 将外球笼护套滑动到内球笼接头侧，如果护套没有损坏则可以继续使用，无须更换护套；如果损坏，则更换新的护套。

③ 将半轴与外球笼接头内侧圈上的润滑脂擦干净。

④ 将止动卡环从半轴上拆下。

⑤ 从外球笼上拆下半轴。

⑥ 安装新的护套卡箍和外球笼护套，注意不要损坏外球笼护套。

⑦ 将新的止动卡环安装到半轴上的导槽内。

⑧ 使用新的润滑脂加入外球笼接头半轴孔。

⑨ 如图3-156所示，将半轴插入外球笼接头内，直到止动卡环靠紧接头。为完全固定外球笼接头，提起半轴，以便将外球笼接头完全安装到位。

⑩ 在外球笼接头上涂抹新润滑脂，把护套端固定在半轴与外球笼接头上。

⑪ 排出护套里多余的空气，固定护套卡箍，如图3-157所示。

图3-156　安装外球笼接头

图3-157　固定护套卡箍

chapter
four

第四章

汽车快修常见故障诊断与排除

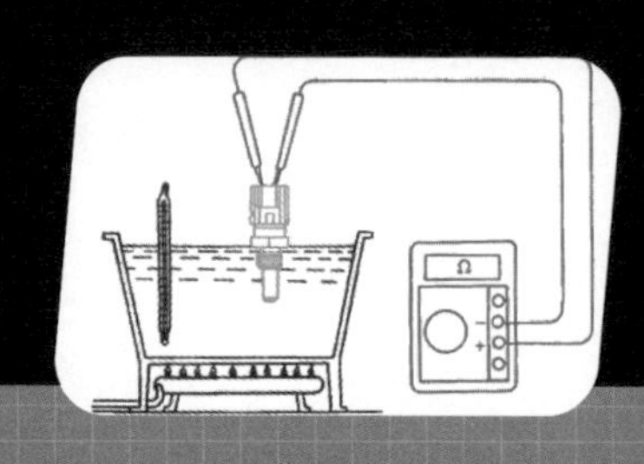

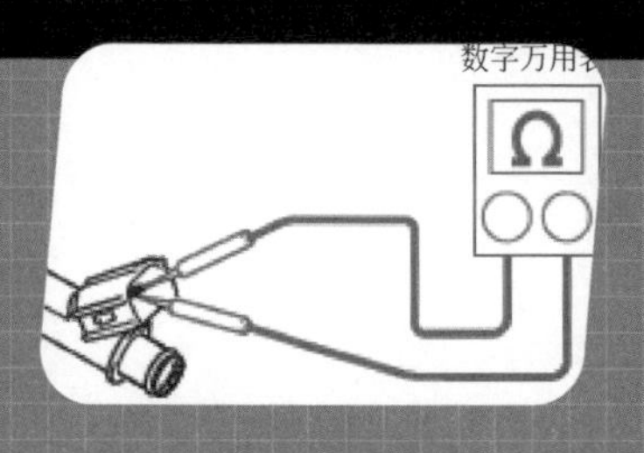

发动机常见故障诊断与排除

一、发动机不能启动

1. 发动机不能启动故障分析（表4-1）

表4-1　发动机不能启动故障分析

故障原因	排除方法
蓄电池电量不足或蓄电池端子接触不良	◆测试蓄电池，如果电量不足，则应给蓄电池补充充电，必要时更换蓄电池 ◆检查蓄电池端子应无松动或腐蚀，如果端子受到腐蚀，应将其清洁
起动机或起动机控制线路故障	◆分解起动机进行检修 ◆检查起动机控制线路是否接触不良，如果有，则应排除线路故障
发动机控制单元（ECM）或发动机控制单元线束插接器接触不良、断路或短路	检查发动机控制单元（ECM）的供电是否正常，如果出现异常，则应排除线路系统的故障

2. 故障排除

前面已对蓄电池和起动机的内容讲解过，以下主要针对发动机控制单元供电线路进行讲解。

1　发动机控制单元电源电路　在点火开关被转到ON时，蓄电池电压被施加在ECM的IGSW端子上。ECM的MREL端子所输出的信号使电流通向线圈，闭合发动机室J/B（EFI继电器）的触点，从而向ECM的+B或+B2端子供电，如图4-1所示。

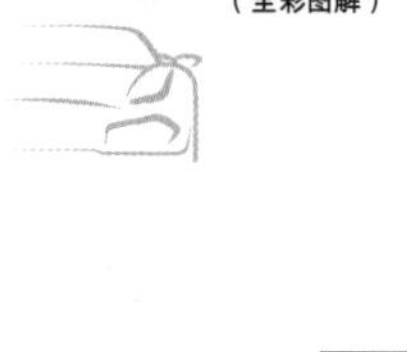

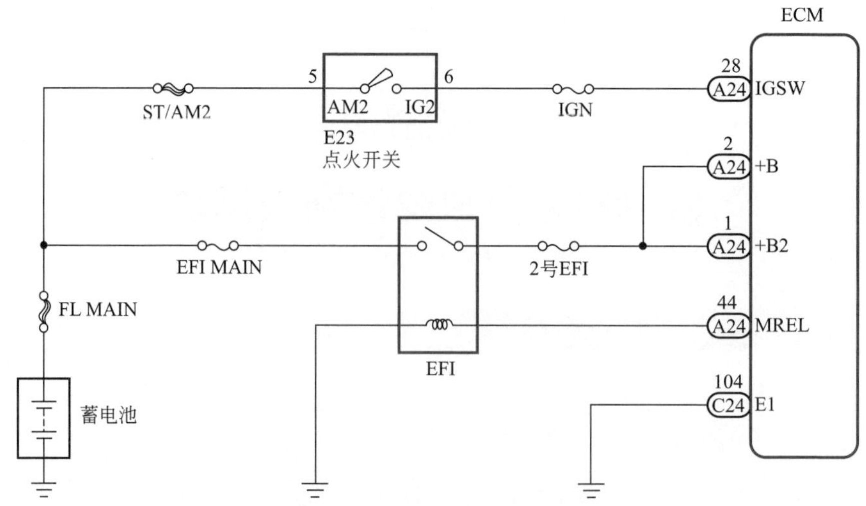

图4-1　发动机控制单元电源电路

2　检查ECM-车身搭铁

① 断开ECM连接器，如图4-2所示。

② 用万用表电阻挡测量E1（C24-104）-车身搭铁，电阻应低于1Ω。

③ 重新连接ECM连接器。

④ 如果电阻异常，应维修或更换线束或连接器；如果正常，则检查ECM电源电压。

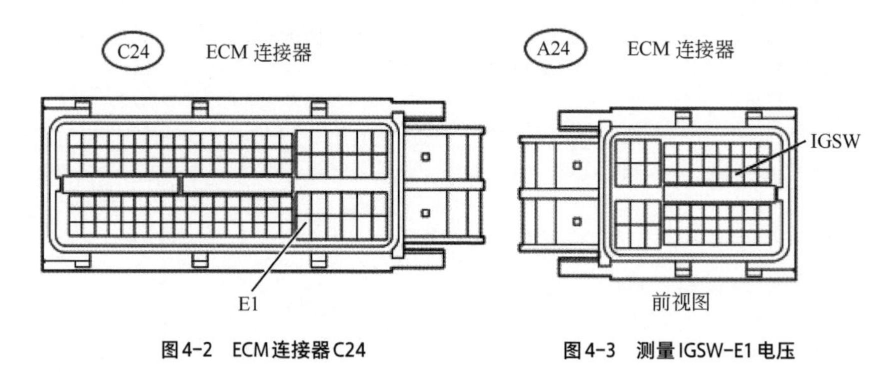

图4-2　ECM连接器C24

图4-3　测量IGSW-E1电压

3　检查ECM（IGSW电压）

① 断开ECM连接器。

② 将点火开关转到ON位置。

③ 用万用表电压挡测量IGSW（A24-28）-E1（C24-104）电压，电压应为11～14V，如图4-3所示。

④ 重新连接ECM连接器。

⑤ 如果电压异常，应检查熔丝IGN；如果正常，则应检查EFI MAIN熔丝。

4 检查EFI MAIN熔丝

① 从发动机室R/B上拆下EFI MAIN熔丝，如图4-4所示。

② 使用万用表电阻挡测量EFI MAIN熔丝的电阻，标准电阻应低于1Ω。

③ 重新安装EFI MAIN熔丝。

④ 如果电阻异常，应更换EFI MAIN熔丝；如果正常，则检查EFI 2号熔丝。

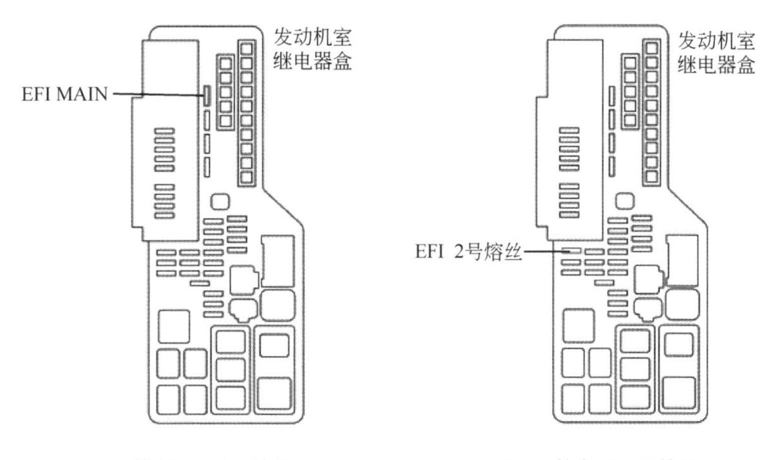

图4-4 检查EFI MAIN熔丝

图4-5 检查EFI 2号熔丝

5 检查熔丝（EFI 2号熔丝）

① 从发动机室R/B拆下EFI 2号熔丝，如图4-5所示。

② 使用万用表电阻挡测量EFI 2号熔丝电阻，标准电阻应低于1Ω。

③ 重新安装EFI 2号熔丝。

④ 如果电阻异常，应更换EFI 2号熔丝；如果正常，则检查EFI继电器电压。

二、发动机启动困难

发动机启动困难故障诊断与排除见表4-2。

表4-2 发动机启动困难故障诊断与排除

故障现象	打开点火开关启动发动机时，起动机能正常转动，但发动机不能启动
故障诊断与排除	◆检查燃油压力是否正常，如果燃油压力过低，应检查或更换燃油泵、燃油压力调节器或燃油滤清器、燃油管等 ◆检查节气门体是否正常，如果过脏必须进行清洁，必要时更换节气门体或对节气门体进行匹配 ◆检查点火线圈、火花塞工作是否正常，如果出现异常，必须更换新的部件 ◆借助故障诊断仪检查发动机传感器及发动机ECU是否存在故障码，然后按照故障提示进行检修 ◆检查发动机是否气缸压力过低，如果气缸压力过低，排除气缸密封不严的故障 ◆检查正时链条是否损坏或破裂，如果损坏，则重新更换正时链条，并按规定调整点火正时

三、发动机转动缓慢

发动机转动缓慢故障诊断与排除见表4-3。

表4-3 发动机转动缓慢故障诊断与排除

故障现象	打开点火开关启动发动机时，起动机能正常转动，但发动机转动缓慢
故障诊断与排除	◆检查蓄电池桩头或连接是否松动，如果出现异常，应将其紧固，必要时重新更换蓄电池桩头 ◆测试蓄电池是否电量过低，如果蓄电池电压不足，应进行充电，必要时更换蓄电池 ◆检查起动机安装是否牢固，如果出现松动，则重新紧固螺栓 ◆检查发动机内的润滑油黏度是否过大，必要时更换润滑油

四、发动机容易熄火

发动机容易熄火故障诊断与排除见表4-4。

表4-4 发动机容易熄火故障诊断与排除

故障现象	发动机运转或汽车行驶过程中自动熄火，而再启动时则正常
故障诊断与排除	◆借助故障诊断仪进行诊断，并根据故障指示的内容进行检修 ◆检查发动机冷却液温传感器是否存在故障，将冷却液温传感器插头拔下，使用万用表测量其电阻，应在规定的技术指标范围内，否则说明冷却液温传感器故障，将其更换 ◆检查燃油压力是否正常，如果燃油压力过低，应检查燃油泵、燃油压力调节器或燃油滤清器、燃油管等，更换有故障的部件 ◆检查火花塞、点火线圈及曲轴位置传感器、点火控制线路是否存在故障

五、发动机不易着车

发动机不易着车故障诊断与排除见表4-5。

表4-5 发动机不易着车故障诊断与排除

故障现象	启动发动机时，要转动2 ~ 3次点火开关，发动机才能启动，存在不易着车的现象
故障诊断与排除	◆检查进气系统是否漏气，如果存在漏气，则更换进气软管或进气歧管垫 ◆检查燃油压力是否过低，如果压力过低，则检查或更换燃油泵、燃油压力调节器或燃油滤清器等 ◆检查火花塞的技术状况是否变差，必要时更换火花塞 ◆检查ECT发动机冷却液温传感器是否存在故障，必要时更换ECT传感器 ◆检查空气质量流量计传感器是否存在故障，必要时更换空气质量流量计传感器 ◆拆下喷油器进行测试，如果喷油器出现喷油异常或损坏的情况，必须更换 ◆检查点火正时是否正常，如果正时不对，应进行调整

六、发动机加速不良

发动机加速不良故障诊断与排除见表4-6。

表4-6 发动机加速不良故障诊断与排除

故障现象	发动机加速时，转速不能提高，发动机有“嗡嗡”的响声
故障诊断与排除	◆检查进气系统是否有泄漏，重点检查进气接头及软管、真空软管是否出现破裂 ◆检查节气门位置传感器或节气门体是否存在损坏的故障，必要时更换节气门体 ◆检查燃油压力是否正常，若燃油压力过低，应排除压力过低的故障 ◆检查点火正时是否正常，若正时不对，应进行必要的调整 ◆检查喷油器工作是否正常，如果有均匀的振动声，说明喷油器工作正常，否则应排除喷油器以及相关控制线路的故障 ◆检查废气再循环控制系统是否正常，将废气再循环系统上的真空软管拆下，并将其塞住，如果加速性能正常，说明废气循环电磁阀有故障，应将其更换

七、发动机燃油消耗异常

发动机燃油消耗异常故障诊断与排除见表4-7。

表 4-7　发动机燃油消耗异常故障诊断与排除

故障现象	在行驶过程中燃油消耗异常，但发动机没有出现故障指示的现象
故障诊断与排除	◆首先检查燃油是否泄漏，如果出现泄漏，则更换损坏的燃油管或检修燃油箱 ◆检查燃油压力是否过高，如果燃油压力过高，则更换燃油压力调节器 ◆拆下喷油器进行测试，检查喷油器是否雾化不良或漏油，如果漏油严重则必须更换 ◆排除冷却液温度传感器及其线路故障 ◆排除节气门位置传感器及其线路故障 ◆排除空气流量计传感器（或进气压力传感器）及其电路故障等

八、发动机加速时抖动

发动机加速时抖动故障诊断与排除见表 4-8。

表 4-8　发动机加速时抖动故障诊断与排除

故障现象	在行驶中突然加速，发动机出现剧烈抖动的现象
故障诊断与排除	◆检查空气滤清器是否堵塞，如果堵塞，则清洁干净空气滤清器，必要时将其更换 ◆检查真空软管是否泄漏，如果泄漏，则更换真空软管 ◆检查 APP（加速踏板位置）传感器信号是否稳定，必要时更换 APP 传感器或修理线路 ◆检查 CKP（曲轴位置）传感器信号是否稳定，必要时更换 CKP 传感器或曲轴皮带齿轮 ◆检查 TP（节气门位置）传感器的信号是否稳定，必要时更换节气门体 ◆检查火花塞是否损坏或间隙是否合适，必要时调整或更换火花塞 ◆测试燃油喷油器是否堵塞或雾化不良，如果存在堵塞，则清洗喷油器，必要时将其更换 ◆检查燃油压力是否过低，如果压力过低，则更换燃油泵或燃油压力调节器 ◆检查 EGR（废气再循环）电磁阀是否工作不良，必要时更换 EGR 电磁阀 ◆检查燃油中是否水分或脏污过多，清洁燃油系统，并使用质量过关的燃油

九、发动机怠速不稳

发动机怠速不稳故障诊断与排除见表 4-9。

表 4-9　发动机怠速不稳故障诊断与排除

故障现象	发动机在怠速运转时转速不稳，出现忽高忽低的波动现象
故障诊断与排除	◆借助故障诊断仪进行诊断，并根据故障指示的内容进行检修 ◆让发动机怠速运行，然后分别对各气缸的喷油器以及点火线圈进行逐一检查，并将其故障进行排除 ◆排除进气系统泄漏的故障 ◆检查怠速控制系统以及相关的控制电路是否有故障 ◆检查氧传感器或空燃比传感器控制电路有无故障

十、发动机爆燃故障诊断与排除

发动机爆燃故障诊断与排除（表4-10）。

表4-10 发动机爆燃故障诊断与排除

故障现象	爆燃一般发生在急加速和上坡时，发动机内部出现较为明显的敲缸现象
故障诊断与排除	◆检查燃油辛烷值是否符合规定，如果不符合要求，则使用正确牌号的燃油 ◆检查爆燃传感器以及相关线路是否正常，如果出现异常，则应进行修复 ◆检查喷油器是否堵塞或损坏，必要时更换喷油器 ◆检查火花塞间隙是否合适，火花塞是否损坏，必要时更换新的火花塞 ◆检查燃烧室内是否积炭严重，如果积炭严重，则清洗燃烧室 ◆检查曲轴位置传感器或凸轮轴位置传感器以及相关线路是否存在故障等 ◆检查发动机冷却系统是否过热等

变速器常见故障诊断与排除

一、手动变速器

1.换挡困难故障诊断与排除（表4-11）

表4-11 换挡困难故障诊断与排除

故障现象	换挡时在某一个挡或各个挡均困难或换不进挡
故障诊断与排除	◆操纵机构调整不当或部件损坏，应更换损坏部件，并重新调整操纵机构 ◆离合器分离不彻底，应更换或调整离合器 ◆换挡叉轴弯曲变形，应校正或更换 ◆同步器齿环磨损或换挡时同步器不起作用，应更换同步器

2. 变速器跳挡故障诊断与排除（表4-12）

表4-12　变速器跳挡故障诊断与排除

故障现象	变速器自动跳挡
故障诊断与排除	◆在发现变速器跳挡时，要将变速杆换入该挡，然后拆下变速器盖查看齿轮啮合情况，如啮合良好，则检查变速叉轴锁住机构 ◆用手推动跳挡的变速叉，检查定位装置，如定位不良，要拆下变速叉轴检查定位球及弹簧，如弹簧过软或折断应更换，如变速叉轴凹槽磨损过度应修理或更换 ◆检查齿轮的啮合情况，如齿轮未完全啮合，则用手推动跳挡的齿轮或齿套，使它们正确啮合，然后检查变速叉是否弯曲或磨损过度，以及变速叉固定螺钉是否松动，叉端与齿轮槽间隙是否过大，如变速叉弯曲应校正，如变速叉下端磨损或滑动齿轮槽过度松旷应拆下修理 ◆若换挡机构良好，而齿轮或齿套又能正确啮合，则要检查齿轮是否磨损成锥形，如磨损严重应更换

3. 变速器异响故障诊断与排除（表4-13）

表4-13　变速器异响故障诊断与排除

故障现象	变速器异响
故障诊断与排除	◆润滑油油量不足或润滑油变质，应更换规定牌号的润滑油 ◆轴承磨损过度或烧蚀，应更换轴承 ◆轴承没有按正确的方法装配，致使轴承磨损或轴承的滚珠碎裂，应重新装配或更换损坏零件 ◆齿轮有较严重的磕碰、毛刺、折断，啮合齿面有金属碎屑以及接触位置不正确等。检查个别齿是否折断或有毛刺、磕碰以及啮合齿面是否存有金属碎屑等物，齿轮与壳体内壁是否干涉，啮合印痕位置是否正确等，如果存在异常应予以更换或清除 ◆变速器内有异物，应清理干净或分解清洗

二、自动变速器

1. 自动变速器打滑故障诊断与排除（表4-14）

表4-14　自动变速器打滑故障诊断与排除

故障现象	自动变速器打滑
故障诊断与排除	◆检查自动变速器油面高度是否合适。若油面过低或过高，应先调整至正常后再做检查。若油面调整正常后自动变速器不再打滑，可不必拆修自动变速器

续表

故障现象	自动变速器打滑
故障诊断与排除	◆检查自动变速器油的技术情况。若自动变速器油呈棕黑色或有烧焦味，说明离合器或制动器的摩擦片或制动带有烧焦，应拆修自动变速器；若自动变速器油中有很多杂质，则应对自动变速器进行分解检修，同时清洗各控制阀体、变矩器及自动变速器油散热器，以彻底清除残存在自动变速器内的杂质 ◆进行路试，以确定自动变速器出现打滑现象的具体挡位和打滑程度，然后分解自动变速器，找到自动变速器打滑的具体元件 ◆对于有打滑故障的自动变速器，在拆解之前，应先检查自动变速器的主油路油压，以找出造成自动变速器打滑的原因。自动变速器无论在前进挡或倒挡均打滑，其原因往往是主油路油压过低。若主油路油压正常，则只更换磨损或烧焦的摩擦元件即可；若主油路油压不正常，则在拆修自动变速器的过程中，应根据主油路油压，相应地对油泵或控制阀体进行检修，并更换自动变速器的所有密封圈和密封环

2. 自动变速器换挡冲击故障诊断与排除（表4-15）

表4-15　自动变速器换挡冲击故障诊断与排除

故障现象	自动变速器换挡冲击
故障诊断与排除	◆检查发动机怠速。发动机怠速一般为750r/min左右。若怠速过高，应排除发动机怠速过高的故障 ◆检查节气门位置传感器是否正常，如不符合标准，应重新予以更换 ◆检查发动机的真空软管，如有破裂，应更换；如有松脱，应重新连接 ◆进行道路试验。如果有升挡过迟的现象，则说明换挡冲击大的故障是升挡过迟所致。如果在升挡之前发动机转速异常升高，导致在升挡的瞬间有较大的换挡冲击，则说明离合器或制动器打滑，应分解自动变速器，予以修理 ◆检测主油路油压。如果怠速时的主油路油压高，则说明主油路调压阀有故障，可能是调压弹簧的预紧力过大或阀芯卡滞所致。如果怠速时主油路油压正常，但起步换挡时有较大的冲击，则说明前进挡离合器或倒挡离合器的进油单向阀阀球损坏或漏装。对此，应拆卸液压阀体，予以修理 ◆检测换挡时的主油路油压。在正常情况下，换挡时的主油路油压会有瞬时的下降。如果换挡时主油路油压没有下降，则说明减振器活塞卡滞。对此，应拆检阀板和减振器 ◆电子控制自动变速器如果出现换挡冲击过大的故障，应检查油压电磁阀的线路以及油压电磁阀工作是否正常、自动变速器ECU是否在换挡的瞬间向油压电磁阀发出控制信号。如果线路有故障，应予以修复；如果电磁阀损坏，应更换电磁阀；如果自动变速器ECU在换挡的瞬间没有向油压电磁阀发出控制信号，说明自动变速器ECU有故障，对此，应更换自动变速器ECU

3. 自动变速器升挡缓慢故障诊断与排除（表 4-16）

表 4-16　自动变速器升挡缓慢故障诊断与排除

故障现象	自动变速器升挡缓慢
故障诊断与排除	◆首先进行故障自诊断，按所显示的故障码查找故障原因 ◆检查相关自动变速器工作的传感器，如节气门位置传感器、车速传感器等，如有损坏，应予以更换 ◆检查自动变速器挡位开关的信号，若有异常，应予以调整或更换 ◆检查强制降挡开关，如有短路，应予以修复或更换 ◆进行油压试验，然后根据测试结果进行检修 ◆自动变速器内部过脏，彻底地清洗自动变速器及各种液压阀体

4. 自动变速器不能升挡故障诊断与排除（表 4-17）

表 4-17　自动变速器不能升挡故障诊断与排除

故障现象	自动变速器不能升挡
故障诊断与排除	◆首先进行故障自诊断，按所显示的故障码查找故障原因 ◆检查车速传感器，如有损坏，应予以更换 ◆检查自动变速器挡位开关的信号，如有异常，应予以调整或更换 ◆测量调压阀油压，若车速升高后调压阀油压仍为 0 或很低，说明调压阀有故障或调压阀油路严重泄漏。对此，应拆检调压阀。调压阀阀芯如有卡滞，应分解清洗，并将阀芯和阀孔用金相砂纸抛光。若清洗抛光后仍有卡滞，应更换调压阀 ◆用压缩空气检查调压阀油路有无泄漏，如有泄漏，应更换密封圈或密封环 ◆若调压阀油压正常，应拆卸阀板，检查各个换挡阀。换挡阀如有卡滞，可将阀芯取出，用金相砂纸抛光，再清洗后装入。如不能修复，应更换阀板 ◆若控制系统无故障，应分解自动变速器，检查各个换挡执行元件有无打滑现象，用压缩空气检查各个离合器、制动器油路或活塞有无泄漏

5. 自动变速器异响故障诊断与排除（表 4-18）

表 4-18　自动变速器异响故障诊断与排除

故障现象	自动变速器异响
故障诊断与排除	◆自动变速器油位过低，应补充添加自动变速器油 ◆自动变速器内出现过多的零部件磨损铁屑，应更换损坏的部件后彻底清洗干净自动变速器 ◆油泵磨损严重，应更换或修复油泵 ◆自动变速器内部锁止离合器、导轮、单向离合器损坏，应将其更换 ◆自动变速器内部行星齿轮机构异响，应拆卸自动变速器内部进行检修 ◆换挡执行机构异响，应将其内部故障的零件更换

6. 自动变速器过热故障诊断与排除（表4-19）

表4-19　自动变速器过热故障诊断与排除

故障现象	自动变速器过热
故障诊断与排除	◆自动变速器油在正常的使用过程中被污染，如水分、油泥或者残余的旧油等原因引起，应重新更换自动变速器油 ◆自动变速器供油压力不足，主要是自动变速器过滤器过脏引起的，按照规定里程更换自动变速器过滤器 ◆自动变速器油冷却器故障，检查自动变速器油冷却器管道是否弯曲、损坏、腐蚀或扭结，并将其故障排除，必要时更换自动变速器油冷却器 ◆变矩器内部或变矩器轴磨损严重，检查并更换液力变矩器 ◆检查自动变速器油是否过量，检查并将多余的自动变速器油抽出 ◆自动变速器油温传感器故障，检修并将其更换

7. 自动变速器变速杆不能从P挡移出故障诊断与排除（表4-20）

表4-20　自动变速器变速杆不能从P挡移出故障诊断与排除

故障现象	自动变速器变速杆不能从P挡移出
故障诊断与排除	◆加速踏板位置（APP）传感器电路故障，排除APP传感器故障 ◆制动踏板位置开关电路故障，对制动踏板位置开关电路进行故障排除 ◆换挡锁止电磁阀控制电路故障，测试换挡锁止电磁阀 ◆自动变速器挡位开关故障，调整或更换自动变速器挡位开关

8. 自动变速器在所有挡位都不能移动故障诊断与排除（表4-21）

表4-21　自动变速器在所有挡位都不能移动故障诊断与排除

故障现象	自动变速器在所有挡位都不能移动
故障诊断与排除	◆自动变速器油位过低，检查自动变速器油位，并检查自动变速器冷却器管路是否泄漏，如有必要，清洗自动变速器冷却器管路 ◆换挡拉索脱落或失调，检查变速杆和自动变速器上的换挡拉索是否松动，如有异常，则更换换挡拉索 ◆自动变速器挡位开关故障，调整或更换自动变速器挡位开关

9. 自动变速器锁挡故障诊断与排除（表4-22）

表4-22　自动变速器锁挡故障诊断与排除

故障现象	自动变速器锁挡
故障诊断与排除	◆首先读取自动变速器故障码，根据故障码提示进行相应的检查 ◆检查节气门位置传感器的信号是否正常，如存在异常，则更换节气门位置传感器 ◆检查车速传感器的信号是否正常，如存在异常，则更换车速传感器 ◆检查APP传感器的信号是否正常，如存在异常，更换APP传感器 ◆检查自动变速器挡位开关是否正常，如有异常，应进行调整或更换 ◆进行手动换挡试验，确定故障是在机械系统还是在电子控制系统 ◆拆卸液压阀体进行清洗，并检查阀体是否卡滞，必要时更换液压阀体总成 ◆检查自动变速器管路压力是否正常，如果压力不足，则应对自动变速器过滤器、变矩器及油泵进行检修 ◆自动变速器内部故障，排除换挡执行元件的故障 ◆自动变速器控制单元（ECU）故障，更换自动变速器ECU

传感器常见故障诊断与排除

一、节气门位置传感器

1. 节气门位置传感器故障分析

当节气门位置（TP）传感器出现故障时，可能会造成发动机怠速不稳或无怠速、加速困难或不能加速、发动机油耗增大等故障。常见的故障有节气门位置传感器信号电压不准确，从而导致无法对喷油量进行精确的控制；节气门位置传感器插接器接触不良、节气门位置传感器性能不良、节气门位置传感器线路断路或短路等。

以丰田1AZ-FE发动机为例，节气门位置传感器故障码如下。

① P0120表示节气门位置传感器电路故障，故障原因是TP传感器电路中存在断路或短路；TP传感器、ECM/PCM等故障。

② P0122表示节气门位置传感器电路输入低故障，故障原因是TP传感器电路中存在接触不良；TP传感器、ECM/PCM等故障。

③ P0123表示节气门位置传感器电路输入高故障，故障原因是TP传感器电路中存在短路；TP传感器、ECM/PCM等故障。

2. 节气门位置传感器故障检测与排除

1 检查TP传感器电源电压　断开节气门位置传感器连接器C5插头，然后将点火开关转到ON（IG），用数字式万用表测量VC与E2（图4-6）之间的电压值应为4.5～5.5V。如电压值不正常则应检查线路或表明ECM/PCM故障。

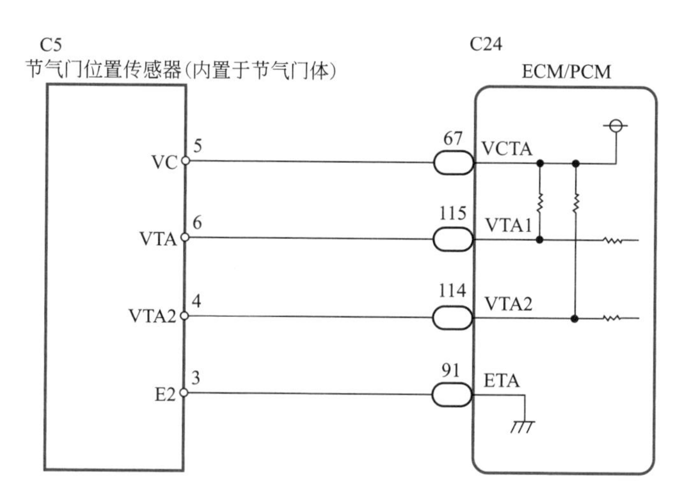

图4-6　节气门位置传感器电路

2 检查TP传感器输出信号　启动发动机，然后使用数字式万用表检测6号VAT1端子与3号接地脚的信号电压在0～5V变化，其变化幅度与节气门的开度成正比，否则说明TP传感器故障，应更换节气门体（节气门位置传感器内置于节气门体）。

3 读取TP传感器数据流　使用故障检测仪在不同发动机转速下观察TP传感器的动态数据，并与标准值进行比较即可判断TP传感器的好坏。如丰田凯美瑞TP传感器部分动态数据如下。

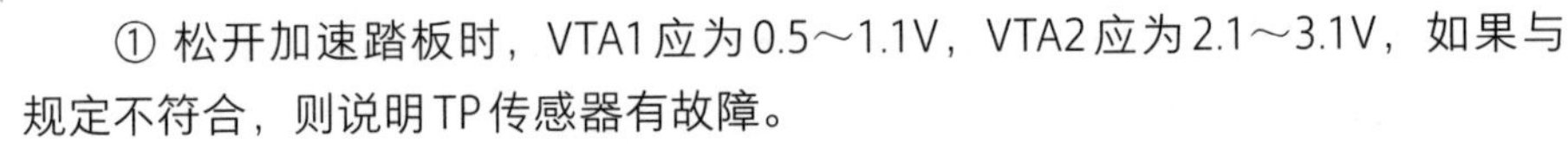

① 松开加速踏板时，VTA1应为0.5～1.1V，VTA2应为2.1～3.1V，如果与规定不符合，则说明TP传感器有故障。

② 踩下加速踏板时，VTA1应为3.3～4.9V，VTA2应为4.6～5.0V，如果与规定不符合，则说明TP传感器有故障。

二、空燃比传感器

1.空燃比传感器故障分析

当空燃比传感器（A/F传感器）出现故障时，可能会造成发动机怠速不稳、加速困难或不能加速、发动机油耗增大等故障。常见的故障有空燃比传感器信号电压不准确，从而导致无法对喷油量进行精确的修正；空燃比传感器插接器接触不良、空燃比传感器性能不良、空燃比传感器线路断路或短路等。

以丰田1AZ-FE发动机为例，空燃比传感器的故障码如下。

① P0031表示空燃比传感器的加热器控制电路电压低，故障原因为A/F传感器电路中存在断路；A/F传感器、ECM/PCM等故障。

② P0032表示空燃比传感器的加热器控制电路电压低，故障原因为A/F传感器电路中存在短路；A/F传感器、ECM/PCM等故障。

③ P0171表示空燃比过低，故障原因为进气系统、喷油器堵塞；MAF传感器、发动机冷却液温度（ECT）传感器故障；燃油压力、排气系统的气体泄漏；A/F传感器电路中存在断路或短路；A/F传感器、ECM/PCM等故障。

④ P0172表示空燃比过浓，故障原因为点火系统、喷油器堵塞、MAF传感器、发动机冷却液温度（ECT）传感器故障；燃油压力、排气系统的气体泄漏；A/F传感器电路中存在断路或短路；A/F传感器、ECM/PCM等故障。

2.空燃比传感器故障检测与排除

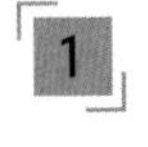

检查A/F传感器电源电压　以丰田凯美瑞为例，A/F传感器在工作时，使用万用表测量A/F传感器2号端子与搭铁（图4-7）之间的电压，应9～14V（根据车型不同情况也会有变化），否则应检修A/F传感器线路故障。

检查A/F传感器输出信号　使用万用表测量AF+与AF-之间的电压值，在理论空燃比时在3.3V上下波动，浓度高时为3.35V，浓度低时则为3.0V，若不符合规定说明A/F传感器故障。

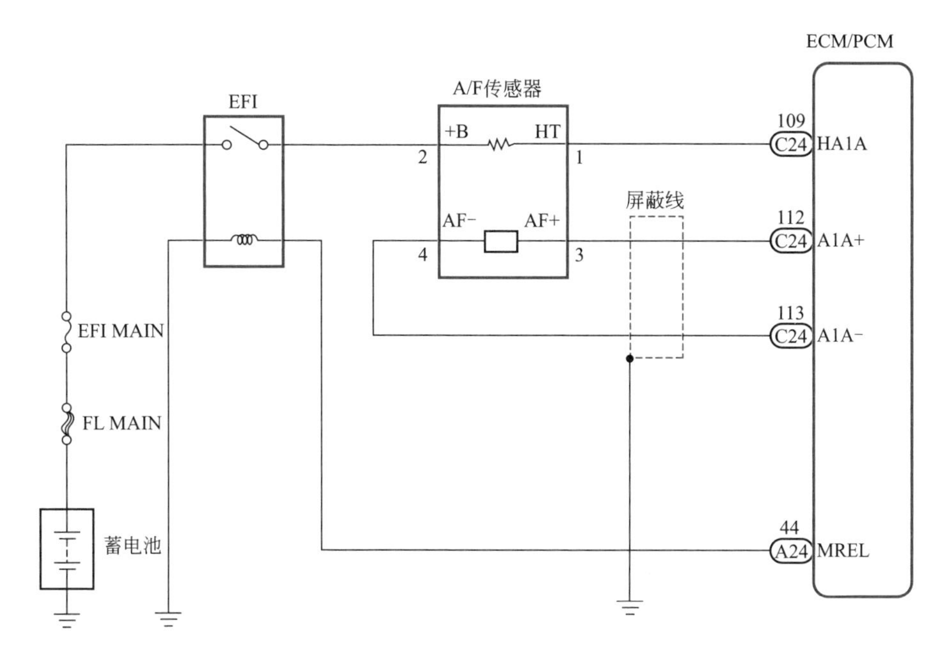

图 4-7 A/F 传感器电路

3 检查 A/F 传感器加热器 在 A/F 传感器端子 1 和 2 处检查 A/F 传感器加热器电阻。当 20℃时为 1.8～3.4Ω，当温度上升很小时，电阻就会有很大的提高。

4 读取 A/F 传感器数据流 使用故障检测仪在不同发动机转速下观察 A/F 传感器的动态数据，并与标准值进行比较即可判断 A/F 传感器的好坏。A/F 传感器根据喷油量的增加和减小做出如下反应。

① +25%= 过浓输出：小于 3.0V。

② −12.5%= 过淡输出：大于 3.35V。

三、氧传感器

1. 氧传感器故障分析

当氧传感器出现故障时，可能会造成发动机怠速不稳、加速困难或不能加速、发动机油耗增大等故障。常见的故障有氧传感器信号电压不准确、氧传感器插接器接触不良、氧传感器性能不良、氧传感器线路断路或短路等。

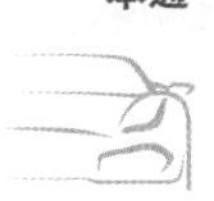

以丰田1AZ-FE发动机为例，氧传感器HO2S的故障码如下。

① P0136表示氧传感器电路故障，故障原因是排气系统泄漏；HO2S传感器电路中存在断路或短路；HO2S传感器、HO2S加热器、A/F 传感器、ECM/PCM等故障。

② P0137表示氧传感器电路电压低故障，故障原因是排气系统的气体泄漏；HO2S传感器电路中存在断路或短路；HO2S传感器、A/F传感器、ECM/PCM等故障。

③ P0138表示氧传感器电路电压高故障，故障原因是HO2S传感器电路中存在短路；HO2S传感器、ECM/PCM等故障。

2. 氧传感器故障检测与排除

检查HO2S传感器电源电压　以丰田凯美瑞为例，HO2S传感器在工作时，使用万用表测量HO2S传感器2号端子与接地之间（图4-8）的电压，应为9～14V（根据车型不同情况也会有变化），否则应检修HO2S传感器线路故障。

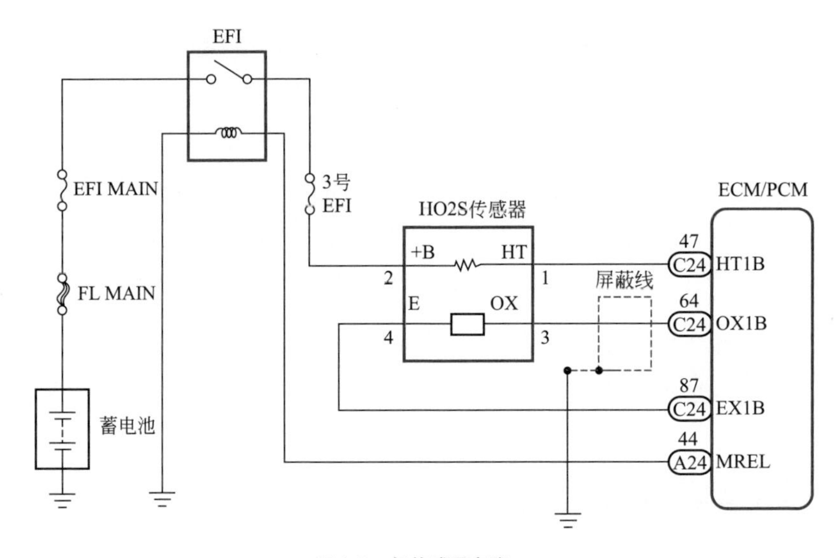

图4-8　氧传感器电路

检查HO2S传感器输出信号　使用万用表测量OX与E之间的电压值，理论空燃比时在0.45V上下波动，若不符合规定说明HO2S传感器故障。

3 检查HO2S传感器加热器　在HO2S传感器端子1和2处检查HO2S传感器加热器电阻，当20℃时为11～16Ω，当温度上升很小时，电阻就会有很大的提高。

4 读取HO2S传感器数据流　使用故障检测仪在不同发动机转速下观察HO2S传感器的动态数据，并与标准值进行比较即可判断HO2S传感器的好坏。

① 正常工作状态时为0.1～0.9V。
② 当过稀时，不高于0.55V。
③ 当过浓时，不低于0.4V。

四、进气歧管绝对压力传感器

1. 进气歧管绝对压力传感器故障分析

当进气歧管绝对压力传感器出现故障时，发动机ECM/PCM检测到故障信息，并使发动机进入故障应急状态，此时发动机可能会出现启动困难、燃油消耗过大、发动机失速等故障。常见的故障有进气歧管绝对压力传感器信号电压过高或过低，从而导致进气歧管绝对压力传感器不能反映实际的进气量；进气歧管绝对压力传感器插接器接触不良、进气歧管绝对压力传感器性能不良、进气歧管绝对压力传感器线路断路或短路等。

以丰田皇冠发动机为例，进气歧管绝对压力（MAP）传感器的故障码如下。

① P0105表示进气歧管绝对压力传感器信号不良故障，故障原因是MAP传感器电路中存在断路或短路；MAP传感器、ECM/PCM等故障。

② P0106表示进气歧管绝对压力传感器线路范围/性能问题，故障原因是MAP传感器故障等。

③ P0107表示进气歧管绝对压力传感器电路输入低故障，故障原因是MAP传感器电路中存在接触不良；MAP传感器、ECM/PCM等故障。

④ P0107表示进气歧管绝对压力传感器电路输入高故障，故障原因是MAP传感器电路中存在短路；MAP传感器、ECM/PCM等故障。

⑤ P0109表示进气歧管绝对压力传感器线路间歇不良故障，故障原因是MAP传感器线路或插接器接触不良。

2. 进气歧管绝对压力传感器故障检测与排除

1 检查MAP传感器电源电压　以丰田轿车为例，接通点火开关，测量进气歧管绝对压力传感器线束侧端子VCC与E2（图4-9）之间电压，应为4.5～5.5V，否则应检查传感器线路和ECM/PCM或ECU。

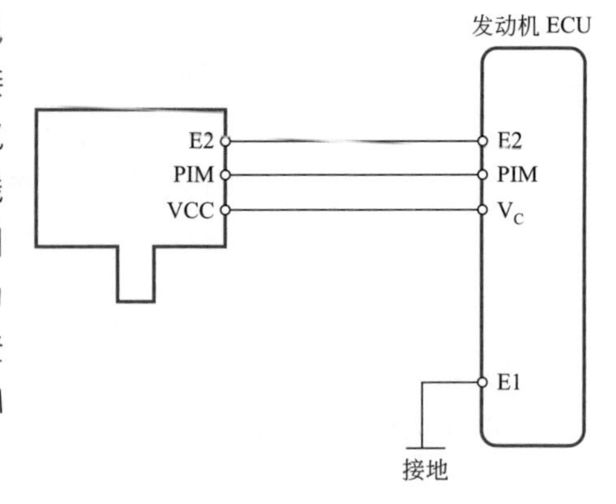

图4-9　MAP传感器电路

2 检查MAP传感器输出信号　打开点火开关，但不启动发动机，测量线束侧端子PIM与E2之间信号电压，应为3.3～3.9V；启动发动机并保持怠速运转，此时信号电压应为1.5V，并随节气门开度而增加，否则更换进气歧管绝对压力传感器。

3 读取MAP传感器数据流　在进气歧管上接一个真空表，并将故障检测仪与诊断插头连接。启动发动机，在不同转速下观察进气压力传感器的输出电压值应符合规定（图4-10），否则应更换进气歧管绝对压力传感器。

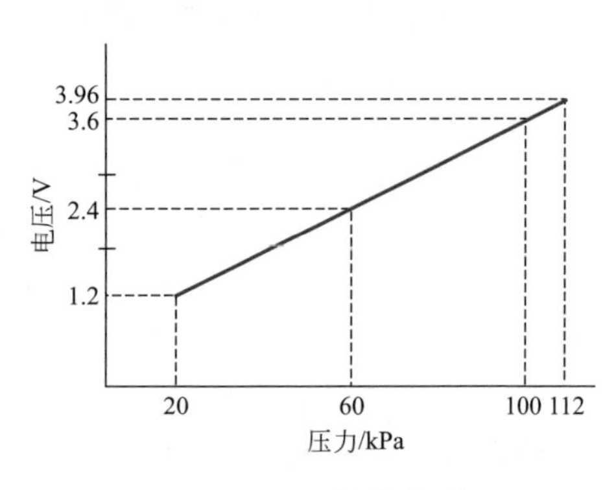

图4-10　MAP对应的电压值

五、进气温度传感器

1. 进气温度传感器故障分析

当进气温度传感器出现故障时，发动机ECM/PCM检测到故障信息，并使发动机进入故障应急状态，此时发动机可能会出现热车难启动、排放超标等故障。常见的故障有进气温度传感器感受温度的部位脏污，使传感器热敏电阻感受进气温度变化的灵敏度下降，从而导致其电阻值不能反映实际的进气温度；进气温度传感器插接器接触不良、进气温度传感器热敏电阻性能不良、进气温度传感器线路断路或短路等。

以丰田1AZ-FE发动机为例，进气温度（IAT）传感器的故障码如下。

① P0110表示进气温度传感器电路故障，故障原因是IAT传感器电路中存在断路或短路；IAT传感器、ECM/PCM等故障。

② P0112表示进气温度传感器电路输入低故障，故障原因是IAT传感器电路中存在接触不良；IAT传感器、ECM/PCM等故障。

③ P0113表示进气温度传感器电路输入高故障，故障原因是IAT传感器电路中存在短路；IAT传感器、ECM/PCM等故障。

2.进气温度传感器故障检测与排除

1 检查IAT传感器电阻　用万用表检测进气温度传感器的电阻，然后与标准值比较，如果测得阻值过大、过小或无穷大，说明传感器失效，应更换进气温度传感器。如丰田轿车在20℃时电阻值为2.21～2.69kΩ；在80℃时电阻值为322Ω。

2 检查IAT传感器输出信号　如图4-11所示，拔下进气温度传感器插头，接通点火开关，用万用表检测进气温度传感器两端子的ECM/PCM供电电压，应为5V左右。当发动机温度高时，信号电压低；温度低时，信号电压高。如电压偏离标准值过大，则更换进气温度传感器。

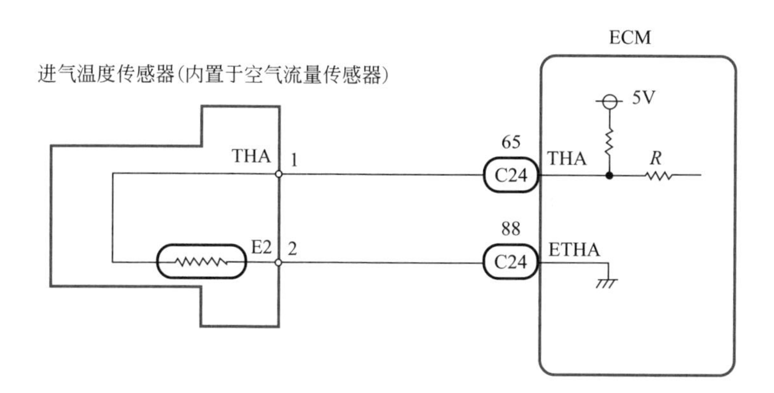

图4-11　进气温度传感器电路

3 读取IAT传感器数据流　使用故障检测仪观察进气温度传感器的动态数据，当发动机转速为800r/min，冷却液温度为93.6℃（若冷却液温度小于80℃，则为暖机过程），IAT传感器温度应为39.1℃。

六、空气流量传感器

1.空气流量传感器故障分析

当空气流量计传感器出现故障时，发动机ECM/PCM检测到故障信息，并使发动机进入故障应急状态，此时发动机可能会出现启动困难、燃油消耗过大、发动机失速等故障。常见的故障有空气流量计传感器信号电压过高或过低，从而导致空气流量计传感器不能反映实际的进气量；空气流量计传感器插接器接触不良、空气流量计传感器性能不良、空气流量计传感器线路断路或短路等。

以丰田1AZ-FE发动机为例，空气流量计（MAF）传感器故障码如下。

① P0100表示空气流量计传感器电路故障，故障原因是MAF传感器电路中存在断路或短路；MAF传感器、ECM/PCM等故障。

② P0102表示空气流量计传感器电路输入低故障，故障原因是MAF传感器电路中存在接触不良；MAF传感器、ECM/PCM等故障。

③ P0103表示空气流量计传感器电路输入高故障，故障原因是MAF传感器电路中存在短路；MAF传感器、ECM/PCM等故障。

2.空气流量传感器故障检测与排除

1 检查MAF传感器电源电压　将点火开关转到ON位置，当发动机不启动时，用万用表测量空气流量计传感器的+B电源电压，应为9～14V。若无电压，则排除蓄电池至空气流量计传感器电源之间断路或熔丝熔断故障。空气流量传感器电路如图4-12所示。

2 检查MAF传感器输出信号　如图4-13所示，使用万用表测量空气流量计传感器信号端子VG与E2G搭铁端子之间的信号电压值，在发动机不启动时应小于0.5V；在发动机怠速时应为1.0～1.3V；发动机转速达3000r/min时应为1.8～4.9V。若不符合要求，应更换空气流量计传感器。

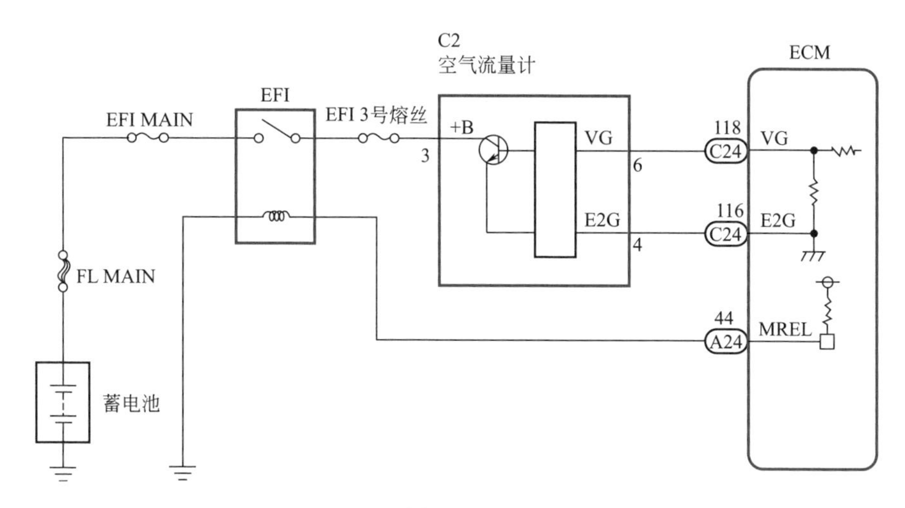

图4-12　空气流量传感器电路

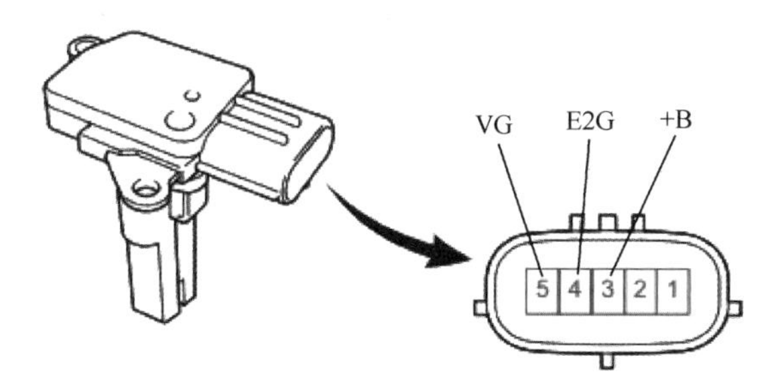

图4-13　检查MAF传感器输出信号

3　读取MAF传感器数据流　使用故障检测仪在不同发动机转速下观察空气流量计传感器的动态数据，并与标准值进行比较，即可判断空气流量计传感器的好坏，如丰田凯美瑞空气流量应为1～270g/s。

七、冷却液温度传感器

1.冷却液温度传感器故障分析

发动机冷却液温度传感器有故障时，会造成发动机启动困难、怠速不稳、油耗增大、加速回火等情况。常见的故障有传感器插接器接触不良、传感器断路或短路、传感器损坏、传感器表面水垢太多等。

以丰田1AZ-FE发动机为例，发动机冷却液温度（ECT）传感器故障码如下。

① P0115表示发动机冷却液温度电路故障，故障原因是ECT传感器电路中存在断路或短路；ECT传感器、ECM/PCM等故障。

② P0116表示发动机冷却液温度性能故障，故障原因是ECT传感器、节温器等故障。

③ P0117表示发动机冷却液温度电路输入低故障，故障原因是ECT传感器电路中存在接触不良；ECT传感器、ECM/PCM等故障。

④ P0118表示发动机冷却液温度电路输入高故障，故障原因是ECT传感器电路中存在短路；ECT传感器、ECM/PCM等故障。

2.冷却液温度传感器故障检测与排除

检查ECT传感器电阻

① 点火开关置于OFF位置，拆卸冷却液温度传感器导线连接器，用数字式高阻抗万用表“Ω”挡测试传感器两端子的电阻，其阻值与温度的高低成反比，热机时（丰田轿车）应小于1kΩ。

② 拆下冷却液温度传感器，将其置于热水中，如图4-14所示。用数字式高阻抗万用表“Ω”挡测试不同温度下冷却液温度传感器两端子之间的电阻，其阻值应符合规定，否则应更换传感器。如丰田轿车冷却液温度传感器在20℃时，电阻为2.2kΩ；80℃时电阻为0.25kΩ。

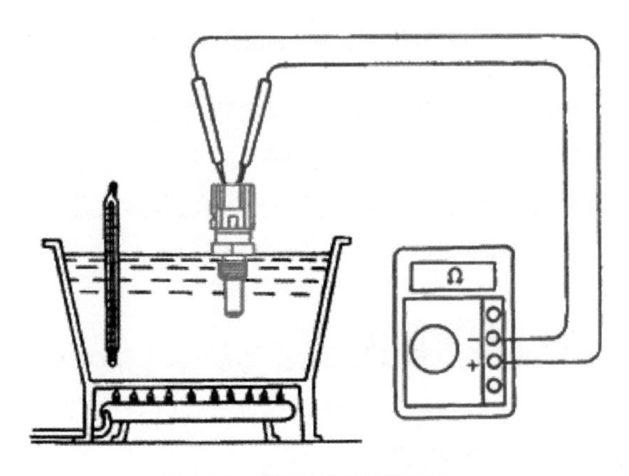

图4-14　检查ECT传感器电阻

检查ECT传感器输出信号　装好冷却液温度传感器，将此传感器的导线连接器插好，当点火开关置于ON位置时，从冷却液温度

传感器导线连接器THW端子或从ECM/PCM连接器THW端子与E2间测试传感器输出电压信号。如丰田车THW与E2端子间电压在80℃时应为0.25～1.0V。此外，所测得的电压值应随冷却液温度成反比变化。

读取ECT传感器数据流　使用故障检测仪观察ECT传感器的动态数据，当发动机转速为800r/min时，蓄电池电压为14V，ECT传感器温度为93.6℃（若冷却液温度小于80℃，则为暖机过程），进气温度为39.1℃。

执行器常见故障诊断与排除

一、喷油器

喷油器的主要故障有不喷油、喷油雾化不良、漏油等。喷油器最常见的故障是喷油量失常和雾化不良，其原因是受发动机运转时高温的影响，以及汽油中所含的树脂、树胶烯烃等物质会逐渐附着在喷油器末端细小的喷孔上造成喷油器堵塞，影响了汽油的正常通过和雾化。另外，劣质汽油中所含的水分也极易使喷油器针阀锈蚀，导致卡滞，造成喷油器漏油或不喷油。

喷油器电磁线圈老化或短路、断路，喷油器控制电路接触不良、断路及电脑内部故障均会造成喷油器不喷油。喷油器的故障会造成发动机不能启动或启动困难，动力下降，加速迟缓，怠速不稳，容易熄火及排气冒黑烟等。

下面是喷油器的故障检测与排除。

1.简单判断喷油器故障

① 用听诊器检查喷油。在发动机工作时，用听诊器或用手触摸检查喷油器开闭时的震动或声响，如果感觉无震动或听不到声响，说明喷油器或喷油器电路有故障。

②断缸检查喷油器。在发动机工作时，逐一拔下喷油器插接器，如果发动机转速下降，且不稳，则说明该缸喷油器良好；如果发动机转速未发生任何变化，则说明该喷油器有故障。

注意：在发动机工作时，使用该方法进行断缸实验有可能会产生发动机故障码，一般情况下不予采用。

2.检修喷油器

① 测量喷油器电阻。拆开喷油器线束插接器，用万用表测量喷油器两端子之间的电阻（图4-15），低阻值喷油器应为2～3Ω，高阻值喷油器应为13～16Ω，否则应更换该喷油器。

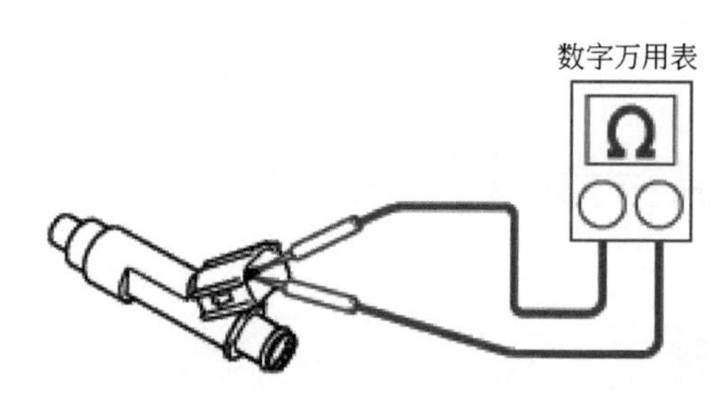

图4-15　测量喷油器电阻

② 通电测试喷油器。将12V蓄电池接到喷油器插接器的一个端子上，再将另一个端子重复地与搭铁点接通与断开。如果每次搭铁时，喷油器都能发出短促的“哒哒”声，则说明喷油器良好；否则说明喷油器有故障，应更换新的喷油器。

3.检修喷油器控制电路

1　喷油器控制电路（图4-16）　喷油器根据ECM发出的信号，将燃油喷入气缸。

2　检查ECM

① 断开C24 ECM连接器。

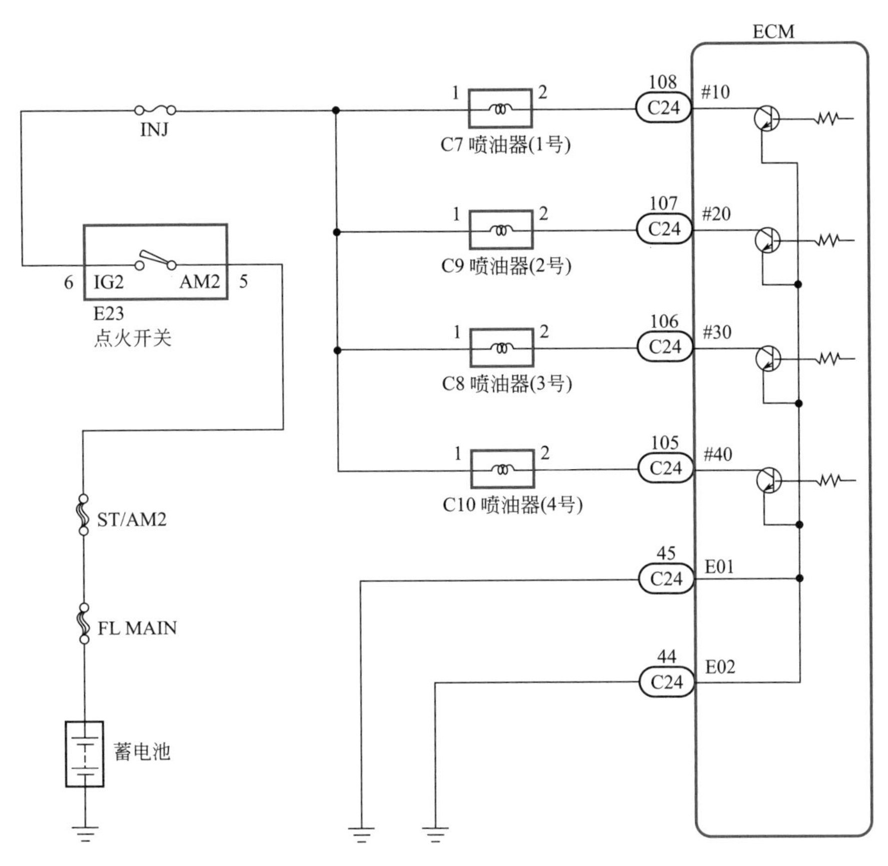

图4-16　喷油器控制电路

② 将点火开关转到ON位置。

③ 根据图4-17和表4-23中的值测量电压。

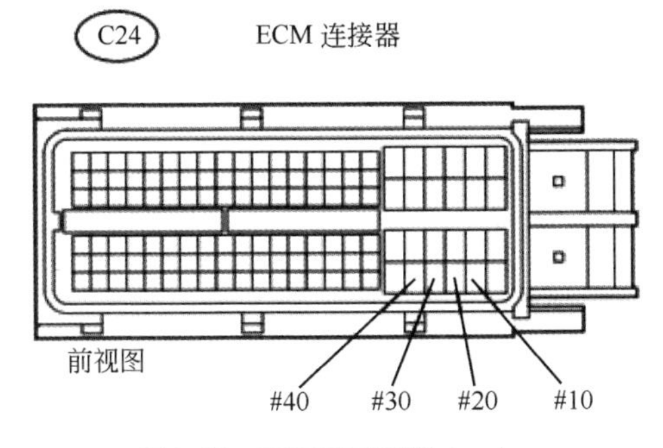

图4-17　C24 ECM 连接器（一）

表4-23 标准电压（一）

检测仪连接	规定值
#10（C24-108）-车身搭铁	9～14V
#20（C24-107）-车身搭铁	
#30（C24-106）-车身搭铁	
#40（C24-105）-车身搭铁	

④ 重新连接ECM连接器。

⑤ 如果异常，则检查喷油器线路；如果正常，则检查ECM-车身搭铁。

3 检查线束和连接器（ECM-车身搭铁）

① 断开C24 ECM连接器。

② 根据图4-18和表4-24中的值测量电阻。

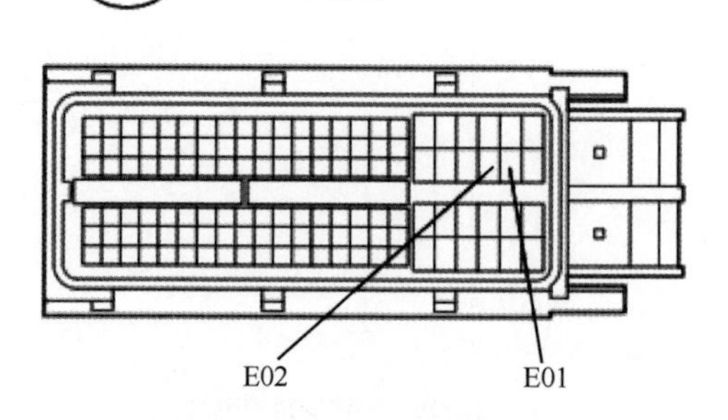

图4-18 C24 ECM连接器（二）

表4-24 标准电阻（一）

检测仪连接	规定值
E01（C24-45）-车身搭铁	低于1Ω
E02（C24-44）-车身搭铁	

③ 重新连接ECM连接器。

④ 如果异常，则修理或更换线束或连接器；如果正常，则检查喷油器。

4 检查线束和连接器

① 断开C7～C10喷油器连接器。

② 将点火开关转到ON位置。

③ 根据图4-19和表4-25中的值测量电压。

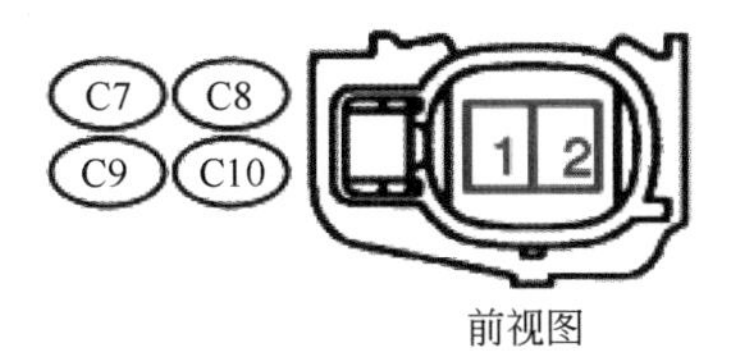

图4-19　喷油器连接器

表4-25　标准电压（二）

气缸	检测仪连接	规定值
1号	C7-1-车身搭铁	11 ~ 14V
2号	C9-1-车身搭铁	
3号	C8-1-车身搭铁	
4号	C10-1-车身搭铁	

④ 重新连接喷油器连接器。

⑤ 如果异常，则检查喷油器INJ熔丝；如果正常，则检查喷油器到ECM线路。

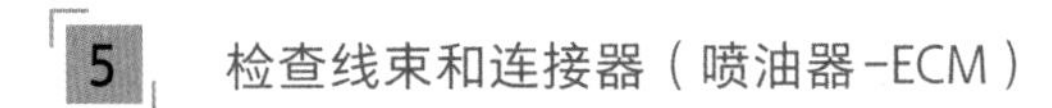

5　检查线束和连接器（喷油器-ECM）

① 断开C7～C10喷油器连接器。

② 断开C24 ECM连接器。

③ 根据图4-20和表4-26中的值测量电阻。

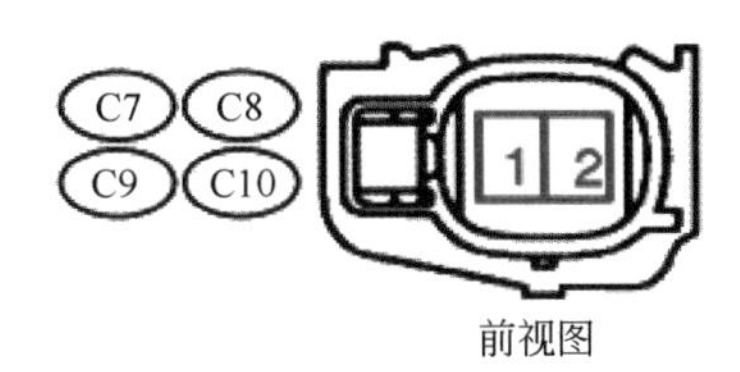

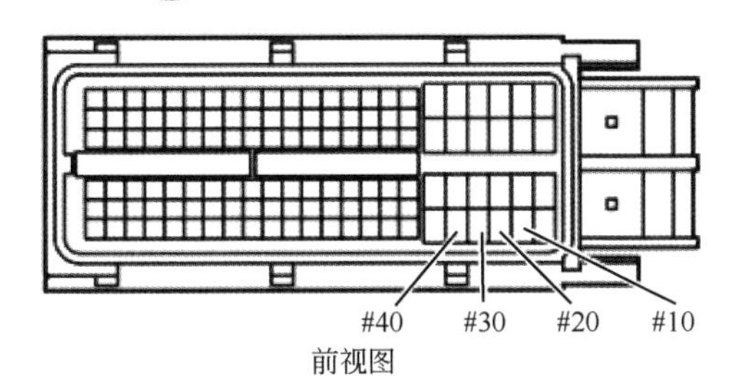

图4-20　喷油器-ECM线束

表4-26　标准电阻（二）

气缸	检测仪连接	规定值
1号	C7-2或#10（C24-108）-车身搭铁	10kΩ或更高
	C7-2-#10（C24-108）	低于1Ω
2号	C9-2或#20（C24-107）-车身搭铁	10kΩ或更高
	C9-2-#20（C24-107）	低于1Ω
3号	C8-2或#30（C24-106）-车身搭铁	10kΩ或更高
	C8-2-#30（C24-106）	低于1Ω
4号	C10-2或#40（C24-105）-车身搭铁	10kΩ或更高
	C10-2-#40（C24-105）	低于1Ω

④ 重新连接喷油器连接器和ECM连接器。

⑤ 如果异常，则修理或更换线束或连接器；如果正常，则检查ECM-车身搭铁。

6　检查熔丝（INJ熔丝）

① 从仪表板J/B上拆下INJ熔丝，如图4-21所示。

② 使用万用表测量熔丝电阻，标准电阻应低于1Ω。

③ 如果正常，重新安装熔丝；如果异常，则更换新的INJ熔丝。

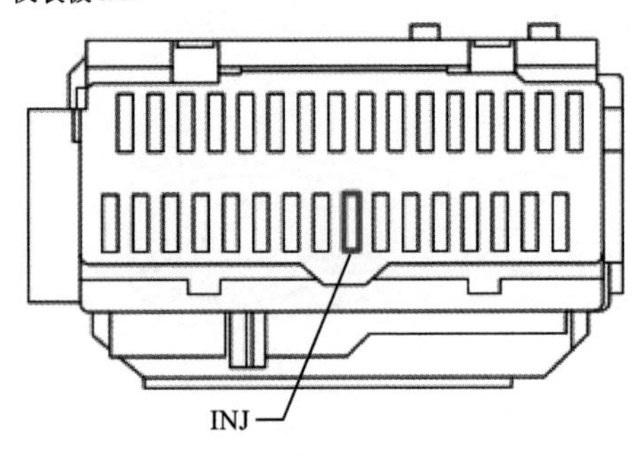

图4-21　INJ熔丝

7　检查点火开关

① 断开E23点火开关连接器。

② 根据图4-22和表4-27中的值测量电阻。

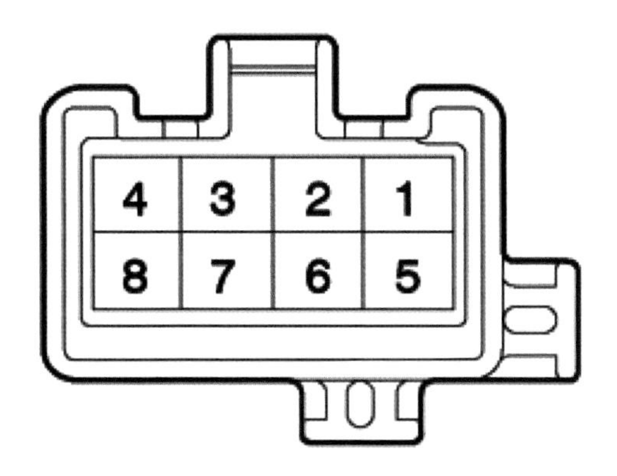

图4-22　点火开关连接器

表4-27　标准电阻（三）

测仪连接	点火开关位置	规定值
所有端子	LOCK	10kΩ或更高
2-4	ACC	低于1Ω
1-2-4，5-6	ON	
1-3-4，5-6-7	START	

③ 重新连接点火开关连接器。

④ 如果异常，则更换点火开关；如果正常，则检查修理或更换蓄电池到喷油器线束。

二、点火线圈

1.点火线圈故障分析

① 发动机不工作，而点火开关长时间未关断，由于电流的热效应破坏了点火线圈中的线圈绝缘。

② 发动机过热，线圈绝缘漆被烤化而失效。

③ 火花塞电极间隙过大，增加点火线圈的负荷，使高压线圈击穿，造成短路或断路。

④ 以下故障码表示与主电路有关的故障。

◆如果设定了故障码P0351，则检查1号点火线圈电路。

◆如果设定了故障码P0352，则检查2号点火线圈电路。

◆如果设定了故障码P0353，则检查3号点火线圈电路。

◆如果设定了故障码P0354，则检查4号点火线圈电路。

2.点火线圈故障检测与排除

1 点火线圈控制电路（图4-23）

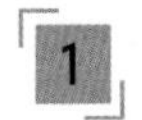

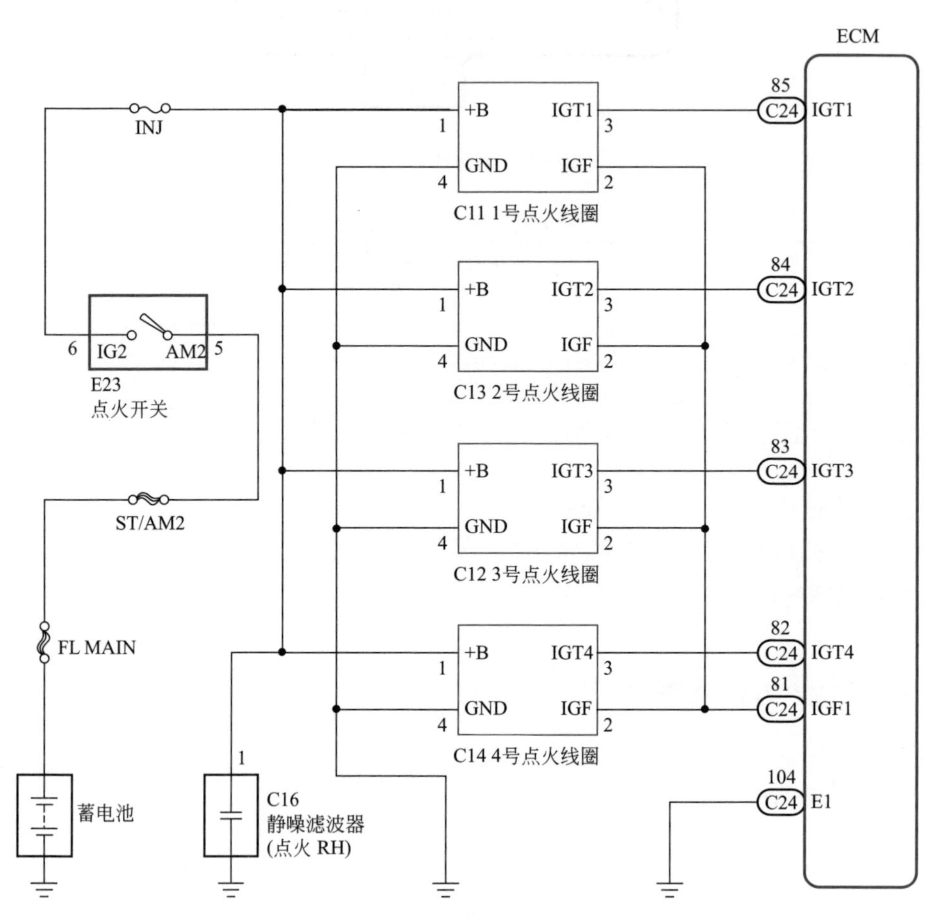

图4-23 点火线圈控制电路

2 检查点火线圈总成（电源）

① 断开C11～C14点火线圈连接器。

② 根据图4-24和表4-28中的值测量电阻。

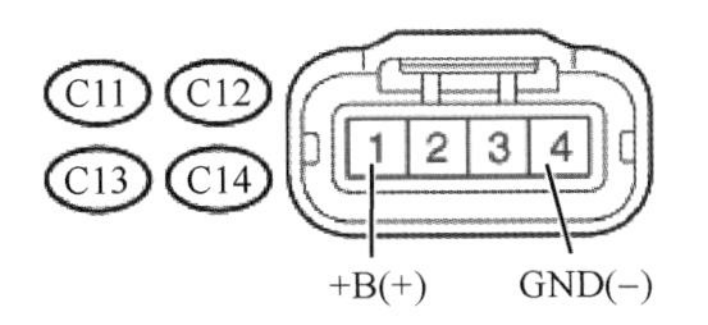

图4-24 点火线圈连接器

表4-28 标准电阻（四）

检测仪连接	规定值
GND（C11-4）-车身搭铁	低于1Ω
GND（C13-4）-车身搭铁	
GND（C12-4）-车身搭铁	
GND（C14-4）-车身搭铁	

③ 将点火开关转到ON位置。

④ 根据表4-29中的值测量电压。

表4-29 标准电压（三）

检测仪连接	规定值
+B（C11-1）-GND（C11-4）	9 ~ 14V
+B（C13-1）-GND（C13-4）	
+B（C12-1）-GND（C12-4）	
+B（C14-1）-GND（C14-4）	

⑤ 重新连接点火线圈连接器。

⑥ 如果异常，则修理或更换线束或连接器；如果正常，则检查点火线圈与ECM的线束。

3 检查点火线圈与ECM的线束

① 断开C11～C14点火线圈连接器。

② 断开C24 ECM连接器。

③ 根据图4-25和表4-30中的值测量电阻。

④ 重新连接ECM连接器。

⑤ 重新连接点火线圈连接器。

⑥ 如果异常，则修理或更换线束或连接器。

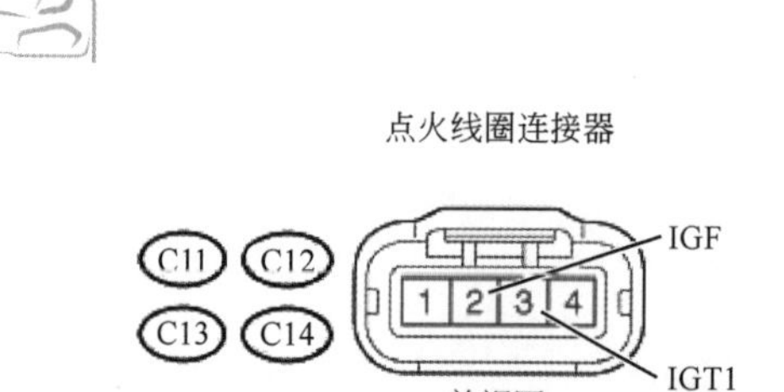

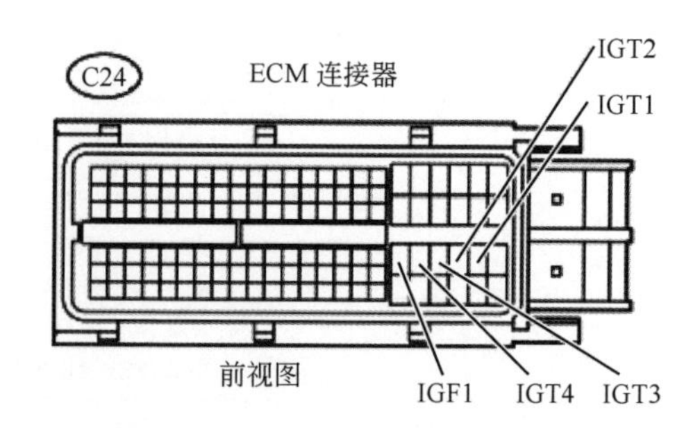

图4-25　断开点火线圈和ECM连接器

表4-30　标准电阻（五）

检测仪连接	规定值
IGF（C11-2）-IGF1（C24-81）	低于1Ω
IGF（C13-2）-IGF1（C24-81）	
IGF（C12-2）-IGF1（C24-81）	
IGF（C14-2）-IGF1（C24-81）	
IGT1（C11-3）-IGT1（C24-85）	
IGT2（C13-3）-IGT2（C24-84）	
IGT3（C12-3）-IGT3（C24-83）	
IGT4（C14-3）-IGT4（C24-82）	

三、活性炭罐电磁阀

1.活性炭罐电磁阀故障分析

汽车活性炭罐电磁阀损坏将会导致活性炭罐不能开启和闭合，会直接导致燃油消耗加剧，在非怠速工况时偶尔会听到“哒哒”的响声，踩加速踏板加速时顿挫，怠速忽高忽低且加速无力都是活性炭罐电磁阀损坏的症状。

2.活性炭罐电磁阀故障检测与排除

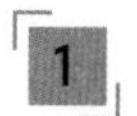 活性炭罐电磁阀电路（图4-26）

 检查活性炭罐电磁阀

① 断开C6活性炭罐电磁阀连接器，如图4-27所示。

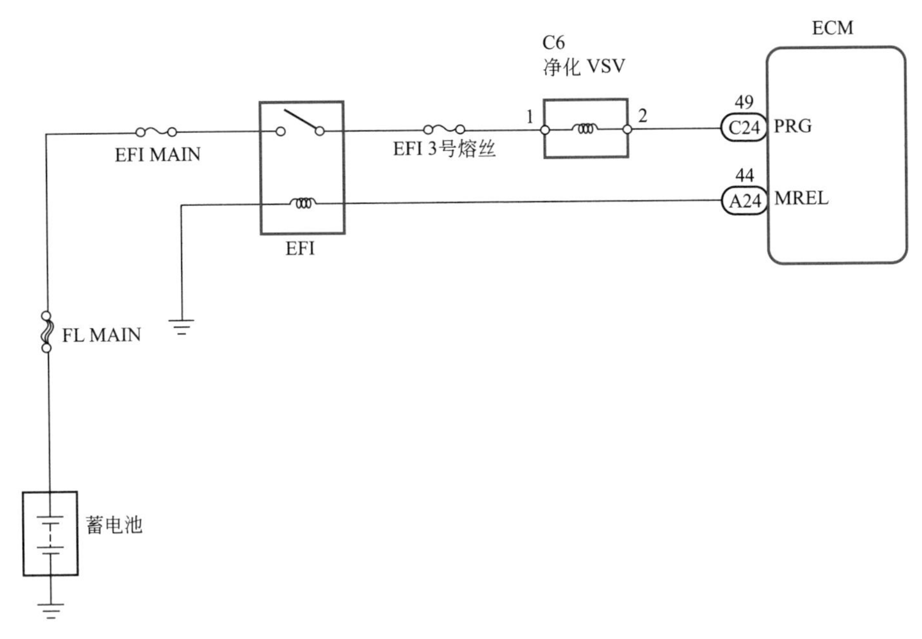

图4-26 活性炭罐电磁阀电路

② 测量活性炭罐电磁阀端子之间的电阻，电阻值应为23～26Ω。如果与规定不符合，则应更换活性炭罐电磁阀；如果正常，则检查活性炭罐电磁阀电源。

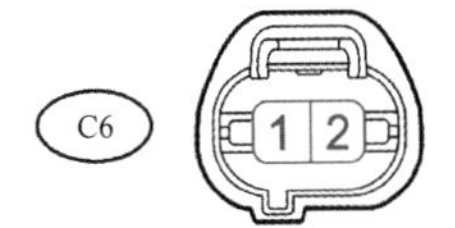

图4-27 活性炭罐电磁阀连接器

③ 重新连接活性炭罐电磁阀连接器。

3 检查活性炭罐电磁阀电源

① 断开C6活性炭罐电磁阀连接器。

② 将点火开关转到ON位置。

③ 测量C6-1与车身搭铁电压，电压应为9～14V。如果正常，则检查活性炭罐电磁阀与ECM的线束；如果异常，则检查熔丝。

4 检查活性炭罐电磁阀与ECM的线束

① 断开C6活性炭罐电磁阀连接器。

② 断开C24 ECM连接器，如图4-28所示。

③ 测量C6-2与PRG（C24-49）的电阻，阻值应低于1Ω；测量C6-2或PRG（C24-49）与车身搭铁，阻值应为10kΩ或更高。如果与规定不符合，则应修理或更换活性炭罐电磁阀与ECM的线束；如果正常，则更换ECM。

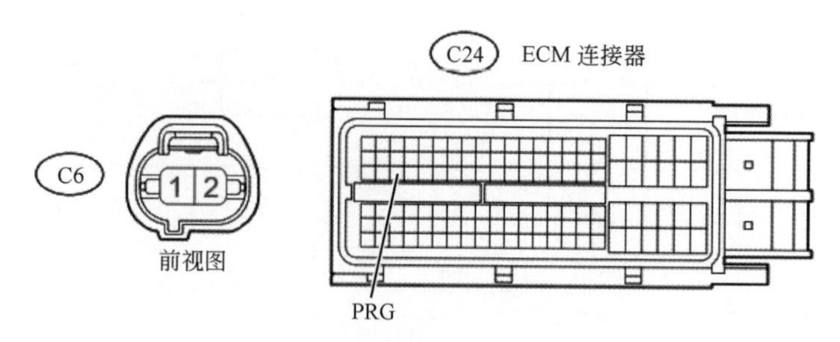

图4-28　活性炭罐电磁阀与ECM的连接器

四、节气门执行器

1.节气门执行器故障分析

节气门执行器常见故障包括节气门卡滞不灵活、节气门漏气、节气门脏污等，主要表现为发动机怠速发抖、怠速时转速忽高忽低、节气门反应滞后、怠速或低速行驶时容易熄火、发动机油耗增加等。

2.节气门执行器故障检测与排除

1　节气门执行器电路（图4-29）

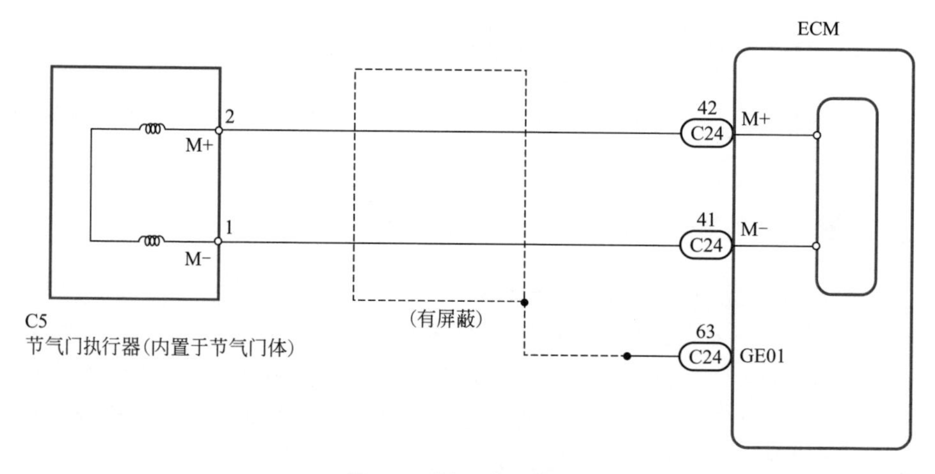

图4-29　节气门执行器电路

2 检查节气门体总成（节气门执行器电阻）

① 断开C5节气门体连接器，如图4-30所示。

② 测量M+（2）与M-（1）的电阻，阻值应为0.3～100Ω。如果与规定不符合，则更换节气门体总成；如果正常，则检查检查线束和连接器（节气门执行器-ECM）。

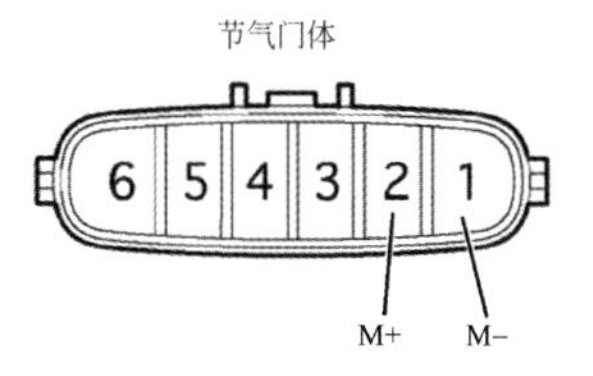

图4-30　节气门体连接器

3 检查线束和连接器（节气门执行器-ECM）

① 断开C5节气门体连接器。

② 断开C24 ECM连接器。

③ 根据图4-31和表4-31中的值测量电阻。

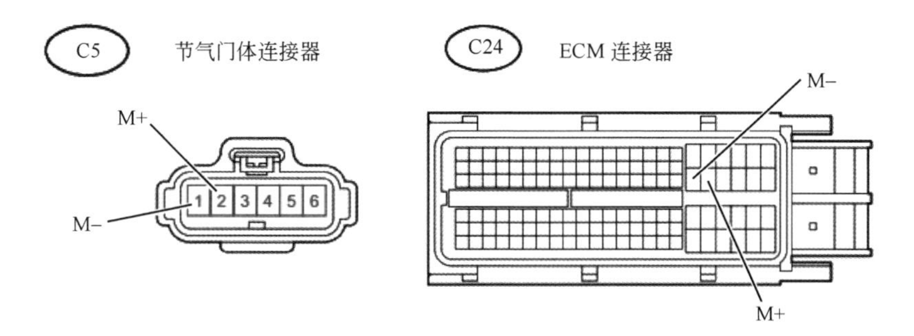

图4-31　节气门执行器与ECM连接器

表4-31　标准电阻（六）

检查断路	
检测仪连接	规定值
M+（C5-2）-M+（C24-42）	低于1Ω
M-（C5-1）-M-（C24-41）	
检查短路	
检测仪连接	规定值
M+（C5-2）或M+（C24-42）-车身搭铁	10kΩ或更高
M-（C5-1）或M-（C24-41）-车身搭铁	

④ 重新连接节气门体连接器。

⑤ 重新连接ECM连接器。

⑥ 如果与规定不符合，则修理或更换节气门执行器与ECM线束或连接器；如果正常，则更换ECM。

转向与制动系统常见故障诊断与排除

一、转向系统

1. 车辆急转弯时转向沉重故障诊断与排除（表4-32）

表4-32　车辆急转弯时转向沉重故障诊断与排除

故障现象	车辆急转弯时转向沉重
故障诊断与排除	◆转向油泵传动带打滑，应检查传动带有无打滑，必要时更换传动带 ◆转向油泵安全阀、流量控制阀泄漏严重，应更换安全阀或流量控制阀，必要时更换转向油泵 ◆液压助力转向系统中混入空气，应排除液压助力转向系统中的空气 ◆液压助力转向系统油管堵塞、转向油泵磨损、油压过低及供油不足等所致，应检查液压助力转向系统油压，根据油压变化做出故障判断，然后进行修复

2. 转向时沉重费力故障诊断与排除（表4-33）

表4-33　转向时沉重费力故障诊断与排除

故障现象	转向时沉重费力
故障诊断与排除	◆转向油泵传动带打滑，应更换传动带 ◆储液罐油位过低，应补充添加转向油 ◆液压助力转向系统中混入空气，应排除液压助力转向系统中的空气 ◆液压助力转向系统软管扭曲或损坏，应正确修正路径或更换软管 ◆转向油泵压力不足，应维修或更换转向油泵 ◆流量控制阀粘住，应更换流量控制阀 ◆转向油泵内部过度泄漏，应更换密封圈或更换转向油泵 ◆齿轮齿条转向器内齿条和小齿轮过度漏油，应更换损坏的部件或更换齿轮齿条转向器

3.转向盘不能自动回位故障诊断与排除（表4-34）

表4-34 转向盘不能自动回位故障诊断与排除

故障现象	转向盘不能自动回位
故障诊断与排除	◆前轮胎的过渡磨损，应更换前轮胎 ◆转向横拉杆或外球节不能平稳转动，应更换转向横拉杆及外球头 ◆转向器安装支架固定螺栓松动，应重新拧紧安装支架 ◆转向轴万向节与车身孔眼磨损，应修整车身孔眼或更换转向轴万向节 ◆齿轮齿条转向器损坏，应更换齿轮齿条转向器 ◆小齿轮轴承损坏，应更换小齿轮轴承 ◆液压助力转向系统软管扭曲或损坏，应正确修正路径或更换软管 ◆转向油泵控制阀损坏，应更换控制阀或转向油泵 ◆按规定检查和调整转向系统中的各个连接部位

4.转向不稳故障诊断与排除（表4-35）

表4-35 转向不稳故障诊断与排除

故障现象	转向不稳
故障诊断与排除	◆一人转动转向盘，另一人在车下查看传动机构，如果故障在传动机构，应检查转向横拉杆各球头是否松旷，必要时进行更换 ◆检查前轮前束值是否符合规定，必要时重新调整 ◆用千斤顶架起前轮，用手扳住轮胎，沿里外推动前轮，如有松旷，则为前轮轴承松旷，应重新更换车轮轴承 ◆检查转向器托架是否松动，如有松动，则拧紧转向机托架

二、防抱死制动系统

1.防抱死制动系统（ABS）指示灯仍然持续点亮（表4-36）

表4-36 防抱死制动系统（ABS）指示灯仍然持续点亮故障诊断与排除

故障现象	
故障诊断与排除	◆ABS调节器电源电路故障，应排除ABS调节器电源电路故障 ◆蓄电池电压过低，应更换蓄电池或修复充电系统故障 ◆ABS指示灯或线路故障，应更换组合仪表或排除ABS指示灯故障 ◆ABS轮速传感器、ABS感应齿圈以及ABS电磁阀故障，应修复或更换ABS轮速传感器、ABS感应齿圈以及ABS调节器 ◆ABS控制单元（ECU）故障，应更换或修复ABS控制单元ECU（图4-32）

图4-32　更换ABS控制单元

2. 紧急制动时车轮抱死故障诊断与排除（表4-37）

表4-37　紧急制动时车轮抱死故障诊断与排除

故障现象	紧急制动时车轮抱死
故障诊断与排除	◆ ABS调节器电源电路故障，应排除ABS调节器电源电路故障 ◆蓄电池电压过低，应更换蓄电池 ◆ ABS轮速传感器故障，应更换轮速传感器 ◆ ABS控制单元故障，应更换或修复ABS控制单元

其他常见故障诊断与排除

一、前照灯光

1. 前照灯灯光亮度下降故障诊断与排除（表4-38）

表 4-38　前照灯灯光亮度下降故障诊断与排除

故障现象	前照灯灯光亮度下降
故障诊断与排除	◆蓄电池电量不足，应检查蓄电池和发电机的工作状态，若不符合要求，应更换蓄电池或发电机 ◆发电机内部故障，应维修发电机，必要时更换发电机 ◆前照灯线束插头松动或接触不良，应检查线束的连接情况及插座是否良好 ◆前照灯线束过细或搭铁不良，应更换线束或重新搭铁 ◆前照灯散光镜损坏或反射镜有尘垢，应更换前照灯总成或清洁反射镜 ◆前照灯灯泡玻璃表面发黑或灯泡功率过低等，应更换灯泡

2. 前照灯灯光不亮故障诊断与排除（表 4-39）

表 4-39　前照灯灯光不亮故障诊断与排除

故障现象	前照灯灯光不亮
故障诊断与排除	◆前照灯灯泡烧坏，应更换前照灯灯泡 ◆前照灯熔丝熔断，应更换前照灯熔丝 ◆前照灯灯光开关损坏，应用万用表检查前照灯灯光开关各挡位的通断情况，若与要求不符，应更换前照灯灯光开关 ◆前照灯继电器损坏，应将前照灯继电器线圈直接供电，如不能正常工作，应更换前照灯继电器 ◆前照灯线路短路或断路故障，应用万用表或试灯逐段检查线路，以便找出短路或断路故障的部位 ◆前照灯线路的搭铁线过细或折断，应重新更换搭铁线

二、轮胎异常

1. 行驶时轮胎噪声过大故障诊断与排除（表 4-40）

表 4-40　行驶时轮胎噪声过大故障诊断与排除

故障现象	行驶时轮胎噪声过大
故障诊断与排除	◆检查汽车挡泥板、翼子板有无与轮胎擦碰处，如果存在异常，视情况进行修复 ◆检查轮胎螺母是否有松动，如果有轮胎螺母松动要及时按照规定的力矩拧紧，必要时更换轮胎螺母及螺栓 ◆检查轮胎之间有无夹石，如果存在夹石，注意挖出轮胎花纹中的夹石及杂物 ◆选择合理形状花纹的轮胎，避免轮胎锯齿状磨损产生噪声 ◆检查车轮轴承是否损坏，如果损坏，必须更换新的车轮轴承

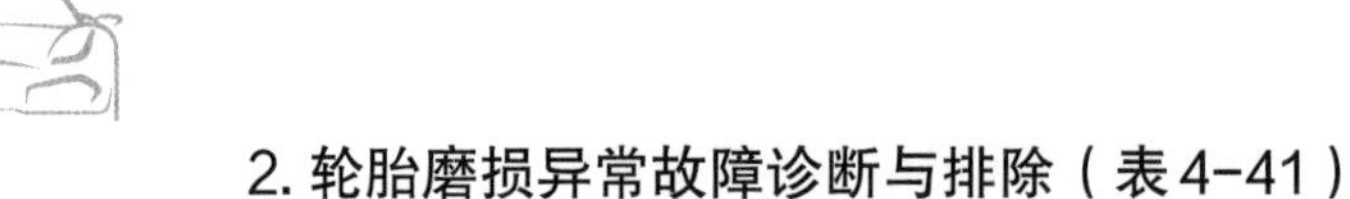

2. 轮胎磨损异常故障诊断与排除（表4-41）

表4-41　轮胎磨损异常故障诊断与排除

故障现象	轮胎磨损异常
故障诊断与排除	◆顺行驶方向检查轮胎的外侧边缘是否有较大的磨损，如果有，说明轮胎经常处于充气不足的状态，应该补充气压到标准值 ◆若发现轮胎着地部分的两侧呈凸状磨损，而且轮胎周边也呈波纹状磨损，说明该车的减振器、轴承及球形联轴节等部件磨损较为严重。在更换轮胎前，应检查悬架系统的磨损情况，必要时更换磨损部件 ◆如果轮胎着地部分的中心面积出现严重磨损的情况，说明轮胎经常处于充气过高的状态，将会加速轮胎的磨损，此时应利用轮胎气压表调整好胎压 ◆当轮胎表面只有一块大面积磨损，说明是紧急制动时所造成的，而如果前后轮有两块相同的磨损，则说明制动系统有异常，应首先排除制动系统故障

三、悬架异常

1.悬架异响故障诊断与排除（表4-42）

表4-42　悬架异响故障诊断与排除

故障现象	悬架异响
故障诊断与排除	◆悬架连接件松动而导致运行中异响，应及时拧紧悬架连接螺栓 ◆防尘垫及减摩垫润滑不良，干摩擦而异响，应添加润滑脂 ◆防尘罩与螺旋弹簧垫贴合部位损坏，应更换防尘罩 ◆上、下摆臂及稳定杆与副车架连接胶套松旷、损坏或转向节连接球头松旷，应更换损坏的球头 ◆减振器支座橡胶老化、螺旋弹簧及缓冲块工作失效等，应更换悬架的配合衬套及稳定杆衬套

2.车辆行驶方向摆头故障诊断与排除（表4-43）

表4-43　车辆行驶方向摆头故障诊断与排除

故障现象	车辆行驶方向摆头
故障诊断与排除	◆车轮不平衡，应进行车轮动平衡测试 ◆轮胎和胎面变形，应更换损坏的轮胎 ◆转向拉杆球头或控制臂球头松旷，应更换转向横拉杆内、外球头 ◆前轮定位参数不正确等，应对车辆进行四轮定位，并按照规定调整四轮定位参数

参考文献

[1] 周晓飞. 汽车维修入门到精通. 北京：化学工业出版社，2018.

[2] 李与茂. 汽车发动机电控系统原理与维修. 北京：机械工业出版社，2010.

[3] 于秀涛. 汽车快修保养. 郑州：黄河水利出版社，2011.

[4] 班孝东. 汽车快修窍门点点通. 北京：国防工业出版社，2011.

[5] 汪立亮. 广州雅阁轿车使用与维修指南. 福州：福建科学技术出版社，2000.

[6] 皮治国. 本田新雅阁轿车维修一本通. 南京：江苏科学技术出版社，2010.